MÚSICA CLAVE A

SECUNDÀRIA

Miguel Ángel López Ballester
José Palazón Herrera
José Luis Salas Martínez
Raquel Cavas Hernández

McGraw Hill Education
MADRID · BUENOS AIRES · CARACAS · GUATEMALA · LISBOA
MÈXIC · NOVA YORK · PANAMÀ · SAN JUAN · BOGOTÀ · SÃO PAULO
AUCKLAND · HAMBURG · LONDRES · MILÀ · MONT-REAL · NOVA DELHI · PARÍS
SAN FRANCISCO · SYDNEY · SINGAPUR · SAINT LOUIS · TÒQUIO · TORONTO

TAULA DE CONTINGUTS

COM S'UTILITZA AQUEST LLIBRE

Presentació d'unitat

Ací trobaràs els continuts que tractarem.

A més et recomanem webs, llibres i espectacles.

Desenvolupament de continguts

CURSOS PRÀCTICS

Apliquen el que s'ha après sobre teoria i història musical a la pràctica amb instruments i la veu.

ACTIVITATS

Permeten treballar els continguts a mesura que s'expliquen i asseguren un aprnentatge progressiu.

ICONOGRAFIA

Una exposició clara i concisa de la teoria, acompanyada de requadres que ajuden a comprendre els aspectes més importants.

SAPS QUE...

WEB DE RECURSOS

CURIOSITATS

RECORDA

Amplien i reforcen l'execució de processos apresos.

Tancament d'unitat

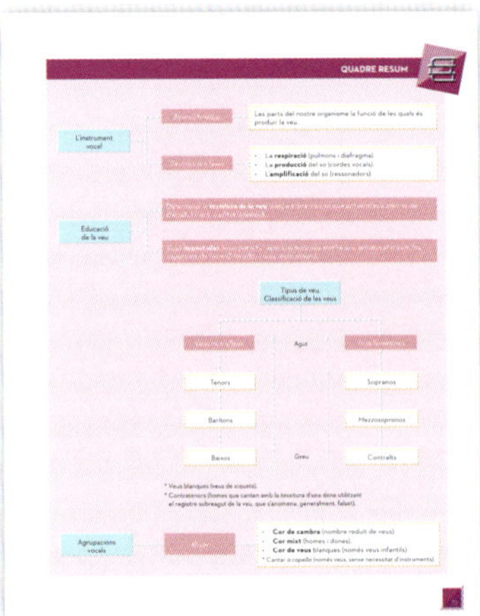

QUADRE RESUM

Recordem els conceptes que has après en la unitat.

ACTIVITATS FINALS

Exercicis de repàs individual i en grup per a comprobar què has après.

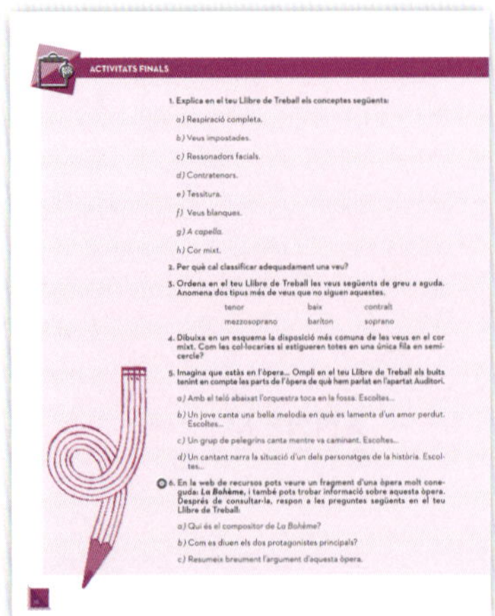

CD d'audicions

S'inclouen tres CD d'àudio que contenen nombroses audicions il·lustratives que serveixen tant per a exemplificar els continguts com perquè els repasses, els practiques i els comprengues.

Cada CD té un color representatiu que t'ajudarà a localitzar l'audició.

Material complementari

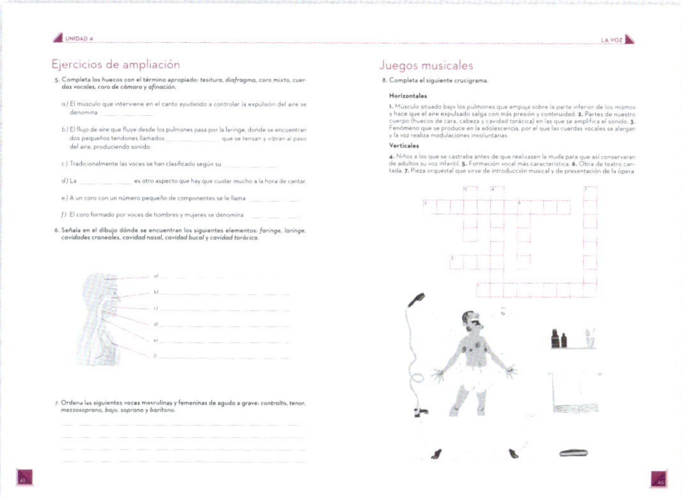

El material del projecte de **Música Clave A** no és només el llibre de l'alumne. Per ajudar-te en l'estudi hem preparat alguns **materials complementaris.**

LLIBRE DE TREBALL

Hi podràs fer totes les activitats plantejades en el llibre. A més, et permetrà reforçar o aprofundir en els diversos aspectes de la unitat a través d'activitats extres.

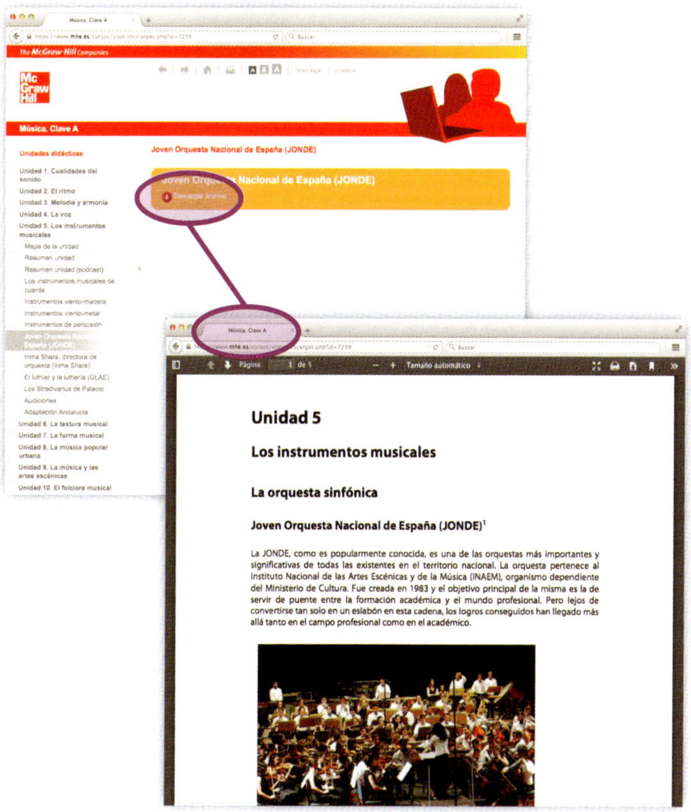

WEB DE RECURSOS CEO

Material complementari ideat com a suport a l'estudi. En la web trobaràs partitures extres, articles musicals...

www.mhe.es/secundaria/musica

1 QUALITATS DEL SO

Vivim envoltats d'una infinitat de sons i de sorolls. Des que ens alcem al matí fins que acaba el dia, el so està present en les nostres vides diàriament; però, t'has plantejat mai què és el so i com es produeix?

La música existeix perquè hi ha el so; aquest és l'element essencial, el material de què es parteix per a la creació musical.

Per això, en aquesta primera unitat, ens endinsarem en l'estudi del so, en les diferents qualitats d'aquest fenomen, que donen lloc a sons molt distints i són la base de la riquesa i de la varietat de la música.

Sumari

Un CD

***Williams on Williams:* The Classic Spielberg Scores. Sony Music SK 68419**

Inclou les bandes sonores d'algunes de les pel·lícules més conegudes del director Steven Spielberg, com ara *ET, Parc juràssic* o *La llista de Schindler,* totes compostes per John Williams.

Un llibre

***Esos insoportables sonidos,* de Nick Karnold. Ed. Molino, col·lecció «Esa Horrible Ciencia»**

Demostra la física del so, com es forma i com es propaga, en un estil pràctic i còmic, amb caricatures en blanc i negre.

Una web

www.andaluciainvestig.com/espanol/cienciaAnimada/sites/ruido/ruido.swf

Pàgina dedicada a la contaminació acústica, en què pots trobar informació sobre els efectes que perjudiquen la nostra salut i la repercussió que té en la societat actual.

1 So, soroll i silenci

1.1. El so

Figura 1.1.
Fotografia d'una gota caient en l'aigua i generant-hi ondulacions.

Podem afirmar que la música és, essencialment, so. De la mateixa manera que un escultor utilitza la pedra i altres materials per a crear les seues obres, el compositor fa servir el so com a matèria primera, el manipula i l'ordena en el temps.

Sempre, contínuament, estem envoltats de sons, però t'has preguntat mai què és i com es produeix?

El so es produeix quan un cos o un objecte vibren. Quan toques les cordes d'una guitarra, es posen en vibració i sonen. De la mateixa manera ocorre quan colpeges un tambor: la membrana vibra i produeix so.

La vibració es transmet en forma d'ones sonores que viatgen a través de diferents medis: l'aire, l'aigua (Figura 1.1), la fusta... Pensa en allò que ocorre quan llances una pedra a l'aigua; quan hi cau, genera una vibració que produeix ondulacions. Aquestes ondulacions són semblants a les ones sonores que es mouen a través de l'aire.

ACTIVITATS

1. **El so viatja a través d'ones sonores, encara que tu no les veges. Vols comprovar-ho?**
   Posa en vibració un diapasó i situa-te'n la base en el colze; després, posa't el dit a l'orella. Sents alguna cosa? Això es deu al fet que els ossos del braç serveixen com a transmissors del so.

Nosaltres percebem aquestes ones gràcies a l'orella (Figura 1.2). Dins hi ha una membrana elàstica, anomenada timpà, que vibra quan hi arriben les ones sonores i transmet aqueixa informació al cervell. Aquesta sensació que percebem és el so.

WEB DE RECURSOS

Trobaràs informació sobre el diapasó en la web.

En resum, podem definir el **so** com la sensació que experimentem quan ens arriben a l'orella les ones produïdes per la vibració d'un cos sonor.

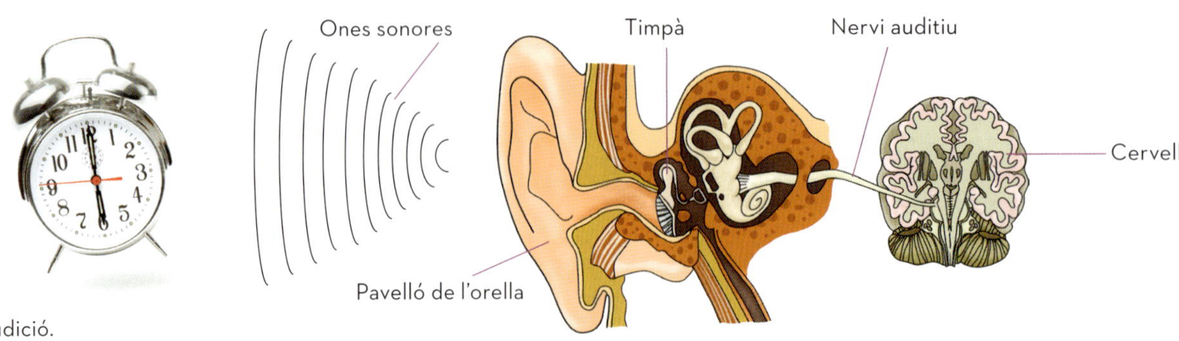

Figura 1.2.
Dibuix del procés d'audició.

1.2. El soroll

Quina diferència hi ha, per tant, entre so i *soroll*?

Tradicionalment, ***el soroll*** s'ha definit com una cosa que és desagradable a l'oïda, però aquesta definició és subjectiva i imprecisa. Una gran part dels instruments de percussió produeixen soroll quan es toquen i no ens són molestos per això.

Des d'un punt de vista físic, el soroll i el so es diferencien pel tipus d'ona que produeixen. Observa els dibuixos següents:

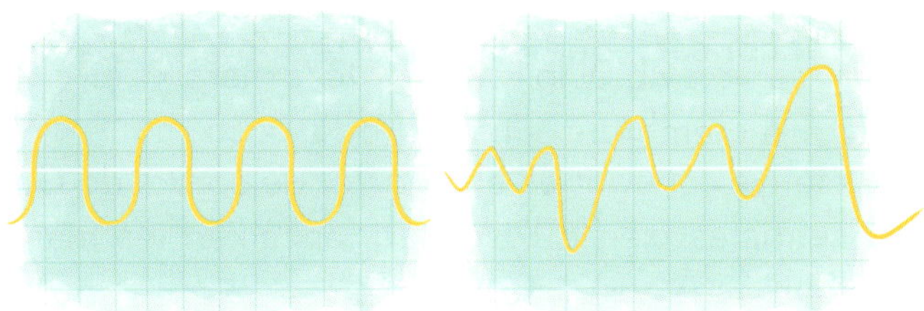

So Soroll

Com pots comprovar en el primer dibuix, l'ona d'un **so** és *ordenada* o *regular*, mentre que en el dibuix del **soroll** l'ona és *desordenada* o *irregular*.

L'excés de soroll, també denominat **contaminació acústica,** s'ha convertit en un nou problema per a la nostra societat, ja que incideix en el nivell de qualitat de vida i té efectes nocius a la salut.

Algunes de les «fonts de soroll ambiental» són: mitjans de transport, activitat industrial, construcció i obres públiques, zones d'oci, etc.

Entre els efectes del soroll sobre la salut hi ha: dificultat de comunicació, trastorns del son, estrés, conductes agressives, malalties cardiovasculars i digestives o pèrdua per a mesurar el nivell de soroll de capacitat auditiva.

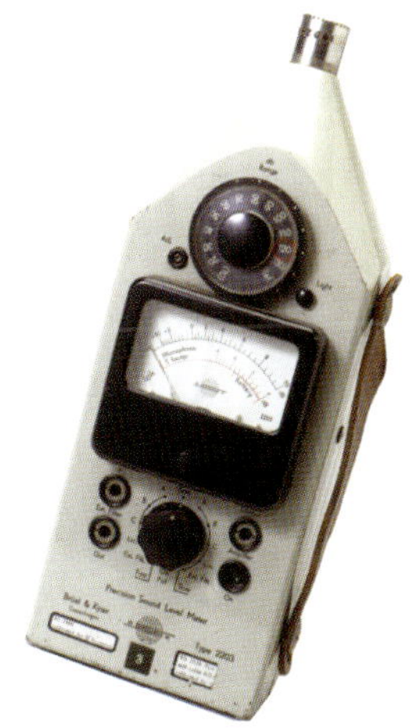

Figura 1.3.
El nivell de soroll es mesura en decibels (dB). L'aparell que s'hi utilitza s'anomena **sonòmetre.**

ACTIVITATS

2. Escolta l'audició o «paisatge sonor» següent i anota en el teu Llibre de Treball tots els sorolls i sons musicals que hi identifiques. Podries crear una història a partir del que escoltes?

3. Escriu en el teu Llibre de Treball una relació amb tots els sons i els sorolls que soleu percebre diàriament al vostre vol- tant. Després, amb l'ajuda del quadre de la dreta, analitza si penses que hi ha contaminació acústica en el teu entorn.

Has de tenir en compte que el límit de soroll acceptat per l'OMS (Organització Mundial de la Salut) és d'una mitjana de 65 dB diaris (Figura 1.3). Finalment, planteja solucions possibles per a disminuir el nivell de soroll a què estem sotmesos.

Ocells refilant	10 dB
Remor de fulles d'arbres	20 dB
Conversació normal	50 dB
Trànsit rodat	85 dB
Interior de discoteques	110 dB
Motocicletes sense silenciador	115 dB
Avió sobre la ciutat	130 dB

1.3. El silenci

El **silenci** es pot definir com l'absència de so o de soroll.

La utilització combinada de so i de silenci és la base de la creació musical.

Alguns compositors han fet servir el silenci com a element principal de les seues creacions. Una mostra d'això és l'obra *4'33"*, del compositor **John Cage,** en què l'intèrpret ix a l'escenari i es manté en un silenci absolut durant el temps indicat en el títol de la partitura; l'obra es genera a partir dels sorolls i dels sons que es produeixen en la sala provocats, la major part, per la reacció dels assistents al concert, que es converteixen en els autèntics protagonistes de la peça.

Un altre exemple menys conegut és el *Quartet de corda,* de **G. Bridit,** en què els quatre instrumentistes ixen a l'escenari, encaixen les mans, romanen un quant temps en silenci i se'n van.

SAPS QUE...

Estudis recents d'experts en audiologia demostren que l'ús continuat, i amb un volum alt, de reproductors d'MP3 produeixen pèrdues d'audició irreversibles en molts joves.

ACTIVITATS

4. Amb la veu (també poden utilitzar-se altres instruments musicals o objectes) feu sons o sorolls a l'atzar i, a un senyal del vostre professor, pareu de colp. Repetiu-ho dues vegades o tres i valoreu l'efecte positiu del silenci.

CURIOSITATS

Hi ha el silenci absolut?

El compositor nord-americà **John Cage** va fer un experiment que consistia a ficar-e en una **cambra anecoica** (recinte insonoritzat [Figura 1.4]) per a comprovar si existia el silenci absolut.

La seua conclusió va ser que no, ja que a l'interior de la cambra va sentir dos sons, un de greu i un altre d'agut que corresponien, respectivament, al seu torrent sanguini i al seu sistema nerviós en funcionament.

Figura 1.4. Cambra anecoica.

2 Les qualitats del so i la seua representació gràfica

Ja has aprés què és el so, però no tots els sons són iguals, sinó que tenen diferents característiques que veurem a continuació.

ACTIVITATS

5. Utilitzant un metal·lòfon (Figura 1.5), intenta obtenir dos sons com més diferents millor. Pistes:

- Han d'estar allunyats entre si.
- Que l'un es prolongue més en el temps que l'altre.
- Toca'n un amb més força que l'altre.

Ara repeteix els dos sons, però toca'n un en el xilòfon (Figura 1.6).

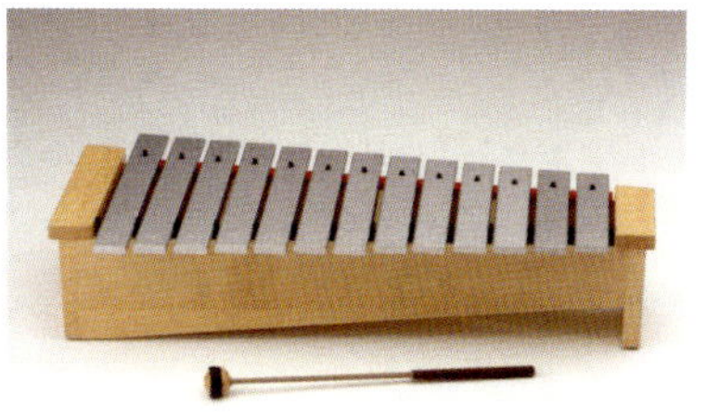

Figura 1.5.
Metal·lòfon. Instrument amb làmines metàl·liques.

Figura 1.6.
Xilòfon. Instrument amb làmines de fusta.

En l'activitat anterior deus haver observat que:

- Quan et desplaces tocant l'instrument cap a la dreta (cap a les plaques més menudes), el so es fa progressivament més «fi» o agut, mentre que, si et desplaces cap a l'esquerra, es fa més «gros» o greu. En aquest cas, es produeix una variació en la qualitat del so que denominem **altura,** i que ens permet classificar els sons en *greus, mitjans* o *aguts*.
- Si el colpeges amb més força amb la baqueta, obtens un so més fort; mentre que si ho fas més suaument, el so és més suau. La qualitat del so que varia és la **intensitat,** i ens permet classificar el so en *fort, mig fort* i *feble*.
- Els sons en el metal·lòfon es mantenen més que els que toques en el xilòfon; és a dir, que duren més. En aquest cas, fem referència a la qualitat del so que anomenem **durada,** que ens permet classificar els sons en *curts* o *llargs*.
- Finalment, observaràs que, en tocar dos instruments diferents (xilòfon i metal·lòfon), la sonoritat canvia. Aquesta sonoritat o «color» que caracteritza el so de cada instrument i ens permet distingir-los auditivament la denominem **timbre.**

ACTIVITATS

6. Escolta les audicions següents i digues quina qualitat del so hi predomina sobre les altres.

a) Tardor (1r moviment): **Vivaldi.**

b) Goyescas (intermedi): **Granados.**

c) Schéhérazade: **Rimski-Kórsakov.**

d) Guia d'orquestra per a joves: **Britten.**

Com has pogut comprovar, el so té diferents **qualitats** o paràmetres que ens permeten identificar-lo:

Qualitats del so	Distingeixen entre els sons
Altura	Aguts / greus
Durada	Llargs / curts
Intensitat	Forts / febles
Timbre	Veus i instruments

2.1. L'altura

L'**altura** és la qualitat del so que distingeix entre sons *greus* i *aguts*.

WEB DE RECURSOS

En la web trobaràs la informació ampliada sobre els índexs acústics.

ACTIVITATS

7. Classifica els sons següents en greus, mitjans o aguts.

L'altura dels sons es representa mitjançant les **notes musicals:**

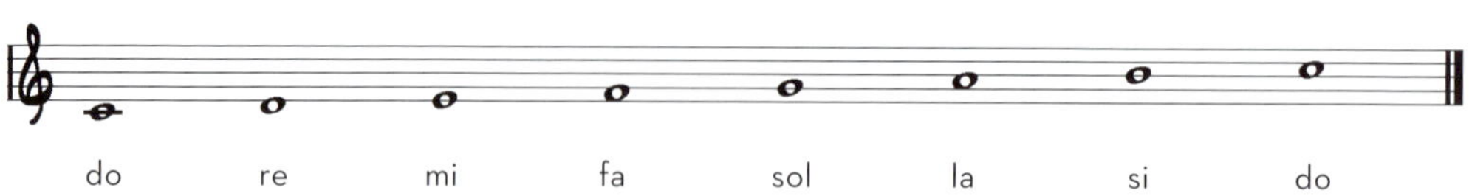

RECORDA

Pentagrama: és el conjunt de cinc línies i quatre espais en què s'escriu la música.

Clau: signe musical que dóna nom a les notes.

ACTIVITATS

8. En cada parella de sons, encercla el més greu.

2.2. La durada

La **durada** és la qualitat que diferencia entre sons *llargs* i *curts*.

ACTIVITATS

9. Escolta els sons següents que interpretarà el teu professor. Copia el gràfic en el teu Llibre de Treball i anota-hi la durada de cada so, tenint en compte que cada quadre representa una pulsació. Exemple:

So d'1 pulsació

So de 2 pulsacions

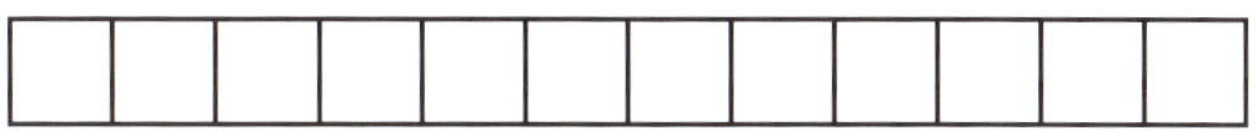

La durada dels sons es representa amb les **figures** i els **silencis musicals:**

redona	blanca	negra	corxera	semicorxera
4	2	1	1/2	1/4

ACTIVITATS

10. Tradueix en el teu Llibre de Treball les durades de l'activitat anterior a figures musicals.

SAPS QUE...

Els signes de repetició

S'usen per a evitar haver de tornar a escriure en la partitura els fragments que es repeteixen.

Alguns els has estudiat en cursos anteriors. Ara en recordarem els més importants:

Barres de repetició

Repetir des del principi.

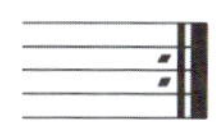

Repetir el fragment comprés entre les dues barres.

2.3. La intensitat

La **intensitat** és la qualitat que distingeix entre sons *forts* i *suaus*.

ACTIVITATS

11. El teu professor interpretarà una sèrie de ritmes amb diferents intensitats; para-hi molta atenció i repeteix-los.

La intensitat del so es representa amb els **matisos:**

pp	***p***	***mf***	***f***	***ff***
pianissimo	*piano*	*mezzoforte*	*forte*	*fortissimo*
(molt feble)	(feble)	(mitjà)	(fort)	(molt fort)

crescendo	***diminuendo***
(cada vegada més fort)	(cada vegada més feble)

ACTIVITATS

12. Interpreta amb palmades aquesta seqüència de 16 pulsacions intentant respectar al màxim les indicacions d'intensitat.

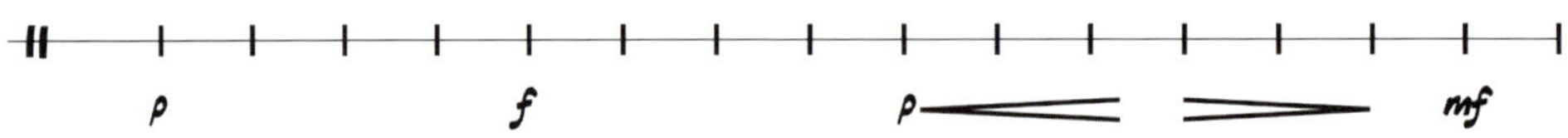

2.4. El timbre

El **timbre** és la qualitat del so que ens indica *qui* o *què* el produeix.

Així, podem determinar quin tipus de veu o d'instrument sona pel sol fet d'escoltar-lo.

ACTIVITATS

13. Escolta l'audició i identifica quants canvis de timbre s'hi produeixen.

3 Auditori: la música en el cinema

A. Les dades

De segur que vas molt al cinema a veure les teues estrenes o pel·lícules preferides. Però, t'has preguntat què se'n faria, d'aquestes pel·lícules, sense la música? Pots imaginar-te una pel·lícula de terror, de l'oest, d'aventures... sense música?

L'expressió *banda sonora* —o banda sonora original, BSO—, tan utilitzada des que el cinema «parla», s'associa popularment amb la música d'una pel·lícula, però és més que això.

Per **banda sonora** hem d'entendre tot el suport sonor que acompanya la imatge: música, efectes de so i diàlegs.

La música en el cinema serveix per a donar realisme i profunditat a una escena, a un personatge, a una situació. A continuació, veuràs alguns exemples de sons i de melodies molt conegudes i representatives d'alguns gèneres cinematogràfics importants.

Figura 1.7.
Escena de la pel·lícula *Psicosi*, d'Alfred Hitchcock.

B. La música

La música per a cinema és tan variada que seria impossible resumir-la en un espai tan breu com aquest. Així doncs, farem una ullada breu a alguns gèneres molt significatius:

El so dissonant i amenaçador dels instruments de corda en la pel·lícula d'**Alfred Hitchcock** *Psicosi* (Figura 1.7), amb música de **Bernard Herrmann.**

La famosa melodia de to «heroic» (interpretada per una secció de vent, metall i percussió) del tema principal de la trilogia d'*Indiana Jones* (Figura 1.8), de **Steven Spielberg,** amb música de **John Williams.**

En la pel·lícula *El bo, el lleig i el dolent*, de **Sergio Leone,** amb música d'**Ennio Morricone,** figura la melodia més xiulada de la història del cinema i una de les més representatives del gènere de l'oest *(western).*

El so electrònic (sintetitzadors i d'altres) de *Blade Runner* serveix per a reflectir un món futurista, en el qual els robots, anomenats «replicants», són tan intel·ligents com els enginyers que els han creat. La música és de **Vangelis,** famós per la coneguda pel·lícula *Carros de foc*.

Figura 1.8.
Cartell de la pel·lícula *Indiana Jones i el regne de la calavera de cristall.*

4 Amb molt de ritme

En aquesta primera lliçó treballarem la **pulsació,** aquest «batec intern» de la música que ens serveix de guia quan la interpretem.

1. Escolta aquesta seqüència que conté patrons rítmics variats. Observa que tots aquests patrons se sostenen en una pulsació comuna.
2. Seguint visualment aquest esquema gràfic de 16 pulsacions, marca amb una X només les que sonen en l'exercici. Abans de començar, escoltaràs quatre pulsacions de clau com a guia.

3. Escolta aquest fragment de música clàssica amb una pulsació de fons. La pulsació anirà apareixent i desapareixent. Has de seguir marcant-la quan pare de sentir-se i comprovar que continua sincronitzada quan torne a aparéixer.
4. Ara treballarem la pulsació interna. Marca amb una palmada només les pulsacions que s'hi assenyalen. Les altres les hauràs de seguir mentalment (no has de marcar-les amb cap part del cos). Si totes les que toques coincideixen amb les que sonen, enhorabona! Tens una bona pulsació interna.

Recorda que l'exercici sempre comença després de les 4 primeres pulsacions d'introducció.

SAPS QUE...

La música pot provocar canvis en el pols. Això es deu a un canvi en les emocions en escoltar música, fet que pot accelerar o fer minvar la nostra freqüència cardíaca.

5 Afinant

T'agradaria cantar més bé? En aquest apartat aprendràs a utilitzar millor la veu, a llegir partitures i a afinar correctament perquè, d'aquesta manera, pugues cantar les cançons que t'agraden més fàcilment i amb més qualitat.

A. Educa la veu

De la mateixa manera que en educació física poses en forma el cos mitjançant la pràctica de l'esport, la veu pot enfortir-se i educar-se per mitjà d'uns exercicis anomenats **vocalitzacions.** Aprendràs a treballar algunes d'aquestes vocalitzacions que t'ajudaran a millorar la capacitat vocal.

L'exercici següent és un bon punt de partida i ens servirà per a col·locar adequadament la veu. Pots practicar-lo sobre la base sonora inclosa en el teu CD.

> **SAPS QUE...**
>
> Molts dels cantants que escoltes actualment tenen professors de cant que els ajuden a millorar i a mantenir en forma la veu mitjançant exercicis semblants als que practicaràs ací.

10

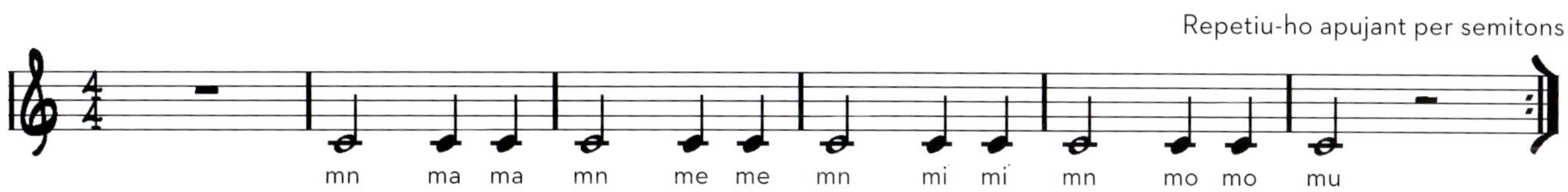

B. Lectura musical

És fonamental que sàpies llegir amb fluïdesa les notes del pentagrama. Aquest objectiu és molt senzill d'assolir, però, per a començar, cal practicar-ho diàriament per a assimilar-ho més fàcilment.

Estudiarem en aquesta lliçó les primeres tres notes de l'escala de *do;* és a dir, les notes *do, re* i *mi.* Marca una pulsació i intenta llegir (sense entonar) cada una de les notes del fragment següent.

C. Exercici interpretatiu

Practica ara cantant sobre uns fons musicals les partitures següents. Al principi escoltaràs 4 pulsacions prèvies i la nota *do* perquè comences a afinar correctament.

11

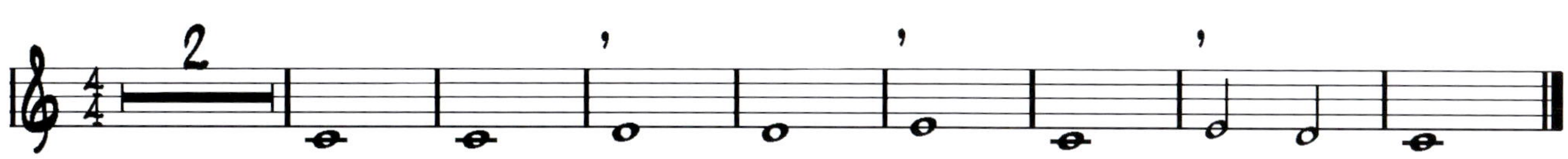

12

6 Mou els dits

Ara interpretarem amb la flauta els exercicis que hi ha a continuació. Per a fer-ho, ens servirem de les indicacions del professor i utilitzarem les bases d'acompanyament del nostre CD.

Si tens cap dubte sobre les digitacions en la flauta, consulta l'annex que tens en les pàgines 174 i 175.

Els acompanyaments que utilitzarem per a fer aquests exercicis són els següents:

- Per als *exercicis 1, 2 i 3* farem servir una base feta amb instruments electrònics i bateria.
- Per als *exercicis 4, 5 i 6* utilitzarem una altra base composta en estil clàssic. Els instruments que escoltarem són: *contrabaixos, violoncel* i *violins*.

Ara ja estàs en condicions d'interpretar els exercicis següents. Gaudeix-ne!

Exercici 1 *si-la sol*

13

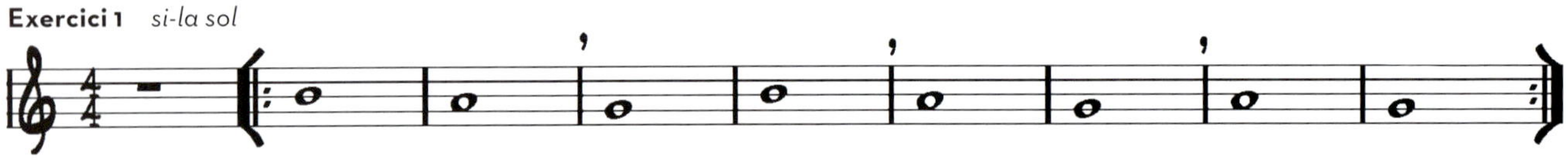

Exercici 2

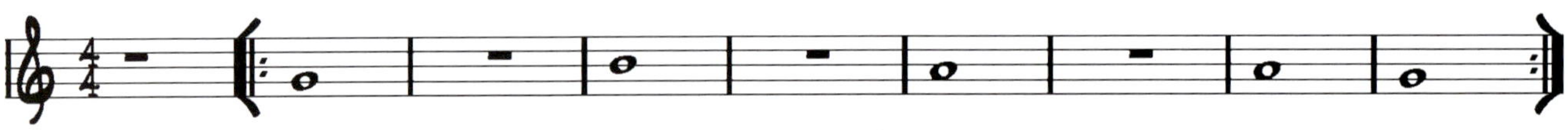

Exercici 3

Exercici 4

14

Exercici 5

Exercici 6

7 Concert

Benvinguts al nostre apartat *Concert*. En aquesta primera unitat tindrem l'oportunitat d'interpretar, amb la flauta o amb els instruments de làmines, la peça simfònica *Pangea*. És una peça de l'estil de les grans bandes sonores. En l'apartat *Auditori* d'aquesta unitat has tingut l'oportunitat de conéixer millor aquest gènere ben important.

Amb l'ajuda del vostre professor, aprendreu aquesta peça senzilla pas a pas. Després, la interpretarem conjuntament amb l'acompanyament, en què trobarem tota una orquestra simfònica (Figura 1.10) a la nostra disposició.

Figura 1.9.
Digitalització de la nota *re* en la flauta dolça.

Pangea

Música: José Luis Salas

Figura 1.10.
L'**orquestra simfònica** és una agrupació musical de grans dimensions en la qual s'inclouen totes les famílies d'instruments.

A continuació us convidem a interpretar amb la flauta una composició titulada *Cosmos*. La peça està creada en estil BSO i inclou elements de música electrònica. Tracta de plasmar un intens i bell viatge cap a una galàxia llunyana. Et serà senzill interpretar-la, perquè s'hi fa servir les mateixes notes que has practicat en *Pangea*.

Cosmos

Allegro

So	Sensació que experimentem quan ens arriben a l'orella les ones produïdes per la *vibració regular* d'un cos sonor.
Soroll	Es produeix per la *vibració irregular* d'un cos sonor.
Silenci	Absència de so o de soroll.

		Indiquen:	Es representen amb:
Qualitats del so	Altura	Agut / greu	Pentagrama, clau i notes musicals
	Durada	Llarg / curt	Figures i silencis
	Intensitat	Fort / feble	Matisos
	Timbre	Qui emet el so	Veus / instruments

Notes musicals

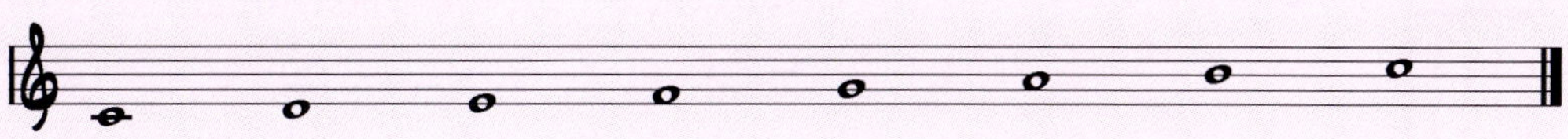

do re mi fa sol la si do

Figures i silencis musicals

redona	blanca	negra	corxera	semicorxera
4	2	1	1/2	1/4

Matisos musicals

pp	***p***	***mf***	***f***	***ff***	***crescendo***	***diminuendo***
pianissimo	*piano*	*mezzoforte*	*forte*	*fortissimo*		
(molt feble)	(feble)	(mitjà)	(fort)	(molt fort)	(cada vegada més fort)	(cada vegada més feble)

ACTIVITATS FINALS

1. Utilitza la flauta o les plaques per a fer parells de sons que tinguen les característiques o les qualitats següents:

a) 1. Fort/curt; 2. Feble/llarg

b) 1. Llarg/greu; 2. Curt/agut

c) 1. Llarg/feble; 2. Curt/fort

2. Igual que en l'exercici anterior, intenta-ho ara amb tres qualitats del so:

a) 1. Fort/curt/agut; 2. Feble/llarg/greu

b) 1. Feble/curt/greu; 2. Fort/llarg/agut

3. Torna a fer l'Exercici 1, però ara practica les qualitats del so amb la veu. Pots utilitzar, per a fer-ho, qualsevol síl·laba: pam, tam... Si fas l'exercici sense cap problema, pots provar-ho amb l'Exercici 2.

4. Experimenta amb la veu:

a) Canta un so fort i, sense tallar-lo, converteix-lo en tot al contrari, un so feble.

b) Canta un so greu i, sense tallar-lo, converteix-lo en un d'agut.

5. Relaciona amb fletxes en el teu Llibre de Treball les diferents qualitats i les característiques corresponents:

Altura •	• Fort/feble
Durada •	• Llarg/curt
Intensitat •	• Veu/instrument
Timbre •	• Agut/greu

6. Escolta la seqüència de sons següent tocada pel teu professor. Indica en cada cas quantes qualitats del so escoltes i anota-ho en el teu Llibre de Treball. Totes les qualitats han de tenir un punt intermedi; és a dir, un so podrà ser fort, feble o mig fort; agut, greu o mitjà; llarg, curt o mig llarg.

	Altura	Durada	Intensitat
So 1			
So 2			
So 3			
So 4			

7. En l'enllaç **http://www.andaluciainvestiga.com/espanol/cienciaAnimada/sites/ruido/ruido.swf** pots trobar una animació en Flash sobre els efectes del soroll en l'organisme. Utilitza-la per a respondre a les preguntes següents:

   a) Per damunt de quants decibels estableix la legislació que el soroll té efectes nocius? Indica un soroll que estiga per damunt d'aquest límit i un altre que estiga per damunt del llindar del dolor.

   b) Anomena tres efectes fisiològics que el soroll pot produir en les persones.

8. **Si no saberes res de música i et demanaren que inventares un mètode per a escriure sons de diferent durada, altura i intensitat, com ho faries?**

9. **Completa les frases en el teu Llibre de Treball utilitzant paraules relacionades amb les qualitats del so:**

   a) El paràmetre o qualitat del temps és l' ____

   b) Un so fort o feble ens l'indica la ____

   c) Aquesta veu em sona, en reconec el ____

   d) La seua veu emetia un so tan ____ que a penes podia sentir-lo.

   e) Aquella sirena emetia un so molt ____

   f) El so dels altaveus era tan ____ que les orelles em van xiular gairebé una setmana.

10. **Mira la partitura següent, copia-la en el teu Llibre de Treball i posa davall de cada nota el nom corresponent:**

11. **Copia aquesta taula en el teu Llibre de Treball. Indica a la dreta de cada figura el nom i la durada corresponents. Dibuixa'n els silencis.**

	Nom	Durada	Silenci
𝅝			
𝅗𝅥			
♩			
♪			
𝅘𝅥𝅯			

2 EL RITME

El *ritme* és un dels elements primordials de la música; per això unes quantes persones l'han anomenat el «motor de la música».

Però el ritme no és una cosa exclusivament musical; podem trobar- lo en la natura (la successió dels dies i de les nits, les estacions de l'any...) o en el nostre cos (el cor batega amb un ritme, la respiració, etcètera).

El ritme està present en el llenguatge, en el teatre o en el cinema (ritme escènic) i és la base de qualsevol dansa o ball.

En aquesta unitat ens aproximarem al concepte de ritme, aprendrem com es representa, i llegirem i tocarem ritmes variats; en resum, experimentarem amb el ritme.

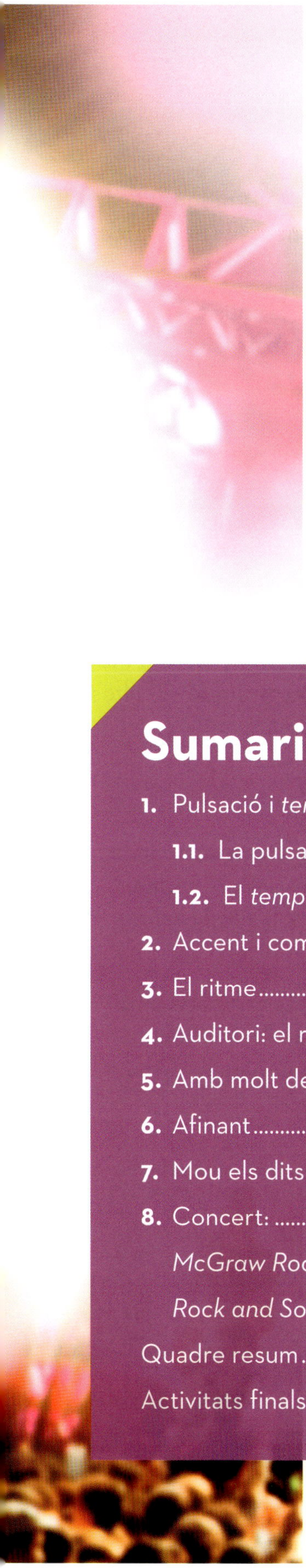

Sumari

Un CD

The Rock and roll days **(L&B Records: LBSCD 005/1, 005/2 i 005/3)**

Col·lecció de tres CD amb els temes més representatius i coneguts d'aquest estil musical.

Un llibre

Cantando bajo la ducha. Quince lecciones para alcanzar el sueño de ser músico, **de Jorge Maronna i Daniel Samper. Ediciones Temas de hoy, col·lecció «El Papagayo»**

Recorregut ben divertit per la història de la música culta i popular per a conéixer, en paraules dels autors, «en unes quantes lliçons els secrets més íntims de la música».

Un espectacle

El grup **Mayumaná** ha creat un xou basat en el ritme i en l'habilitat personal dels actors. La dansa, la música, l'humor, l'acrobàcia i un joc de llums i so ben impressionant són els ingredients principals de les seues produccions.

1 Pulsació i *tempo*

1.1. La pulsació

Figura 2.1.
Persona prenent-se el pols.

De segur que alguna vegada, mentre escoltaves una cançó, has mogut el cap o has colpejat amb un peu el terra seguint la música; allò que feies era marcar la *pulsació* (Figura 2.1).

No obstant això, la pulsació no és una cosa exclusiva de la música; podem veure'n molts altres exemples: el cor marca el ritme en les nostres venes, una aixeta que goteja, el tic-tac d'un rellotge, etc.

La **pulsació** musical es pot definir com un batec regular i constant que està present en tot tipus de música.

En l'apartat *Amb molt de ritme* de la Unitat 1 has tingut un primer contacte amb el treball de la pulsació; ara l'aprofundirem una mica més.

A partir d'aquest moment començaràs a experimentar la importància que té la pulsació per a qualsevol expressió musical que hages de fer: ball, lectura musical, interpretació instrumental, etc. Series capaç, cada vegada que escoltes música, de pensar quina pulsació té aquesta música? Au, doncs.

ACTIVITATS

19

1. Escolta els dos fragments següents. En cada un en sentiràs la pulsació. Observa que:

- En els dos fragments la pulsació és regular i constant.
- En cada un la pulsació indica una velocitat distinta.
- Encara que els dos exemples anteriors són d'estils musicals molt diferents, tots dos tenen pulsació.

20

2. Marca la pulsació de les audicions següents percudint amb un dit la taula.

Vols comprovar la teua pulsació interna? Ara, el professor abaixarà el volum de l'audició durant uns quants segons fins a fer-la inaudible; continua marcant-ne la pulsació amb la mateixa velocitat. Després, tornarà a apujar el volum; has aconseguit mantenir-ne la pulsació?

3. Marca la pulsació caminant (o assegut en el teu lloc colpejant el terra amb els peus). Imagina que estàs fent *negres*. Al mateix temps, amb palmades, marca *negres*; després, *blanques* i, finalment, *corxeres*, seguint les indicacions del teu professor.

4. Dus a terme les sèries rítmiques següents amb palmades o colpejant la taula. Para una atenció especial als silencis, en què hauràs de seguir la pulsació mentalment.

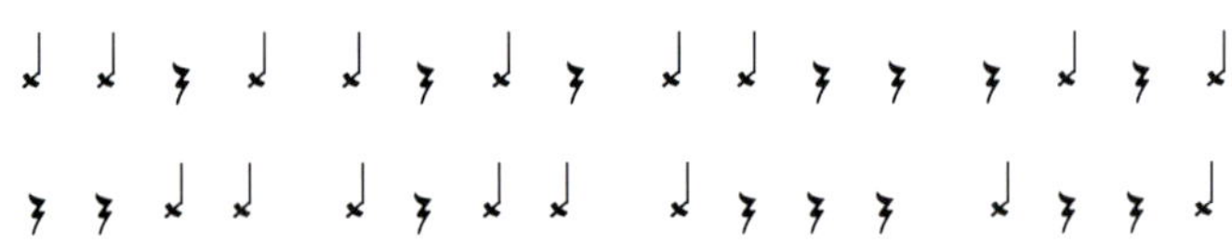

Repeteix l'exercici a diferents velocitats.

5. Juga amb els nombres.

El teu professor et marcarà una pulsació constant. Al mateix temps, t'indicarà amb els dits de la mà un nombre. Has de comptar en veu alta i dir: «u», «u-dos», «u-dos-tres» o «u-dos-tres-qua», depenent del nombre de dits que mostre el professor.

1.2. El *tempo*

Com has comprovat en l'Activitat 4, un mateix fragment es pot interpretar amb diferents velocitats.

La velocitat de la pulsació és el que denominem ***tempo*.**

Per a indicar el *tempo* d'una peça musical s'utilitzen una sèrie de termes o paraules en italià. En el quadre inferior tens algunes de les indicacions més utilitzades.

Indicacions de *tempo*

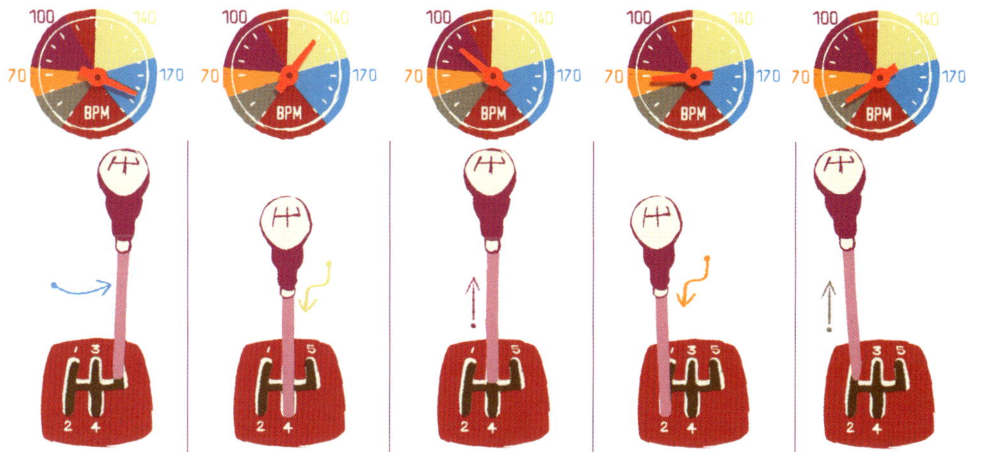

Presto	***Allegro***	***Andante***	***Adagio***	***Largo***
Molt ràpid	Ràpid	Mitjà	Lentament	Molt lentament

***Accelerando* (acc.)** (Cada vegada més ràpidament)

***Ritardando* (rit.)** (Cada vegada més lentament)

Les indicacions de *tempo* no són exactes. Una peça per a piano amb la indicació *allegro* no seria interpretada amb la mateixa velocitat per dos pianistes diferents. Per aquest motiu, es fan servir indicacions metronòmiques (Figura 2.2); per exemple, la indicació ♩ = **120** significa que s'ha de tocar amb una velocitat de 120 pulsacions per minut.

ACTIVITATS

6. **Torna a escoltar les audicions de l'Activitat 2 i, en el teu Llibre de Treball, relaciona-les amb la indicació de *tempo* corresponent.**

Fragment 1 •	• *Presto*
Fragment 2 •	• *Allegro*
Fragment 3 •	• *Adagio*

SAPS QUE...

Des de fa uns quants segles s'utilitza l'italià com a llenguatge universal de la música. Així, qualsevol persona que conega el llenguatge musical, tant se val la nacionalitat o l'idioma, pot comprendre-ho.

Figura 2.2.

Imatge d'un metrònom. Els músics utilitzen un aparell anomenat metrònom que els serveix per a mesurar, de manera més precisa, la velocitat de la pulsació.

Vols posar a prova la teua pulsació? Toca amb la flauta una cançó ja apresa amb el metrònom.

2 Accent i compàs

La pulsació, com a tal, és una cosa neutra; és a dir, en marcar-la, totes les pulsacions són iguals, no es diferencien de cap manera. No obstant això, tota música té implícits uns certs *accents* o punts de suport.

És semblant al que ocorre amb el llenguatge, en què unes síl·labes s'accentuen més que unes altres. Així naix el *compàs*.

Exemple de pulsació neutra | | | | | | | | | | | |

Exemple de pulsacions accentuades
> > >
| | | | | | | | | | | |

En el segon exemple es produeix una accentuació periòdica (cada quatre pulsacions).

El **compàs** organitza els accents d'una manera regular dins d'una sèrie de pulsacions. Depenent de la distribució d'aquests accents, tenim diferents tipus de compàs:

Binari:
accent cada dues pulsacions

> >
| | | |
1 2 1 2

Ternari:
accent cada tres pulsacions

> >
| | | | | |
1 2 3 1 2 3

Quaternari:
accent cada quatre pulsacions

> >
| | | | | | | |
1 2 3 4 1 2 3 4

Alguns estils musicals utilitzen sempre el mateix tipus de compàs. Per exemple, el *merengue*, un tipus de ball llatí, està en compàs binari; un ball de saló ben conegut que fa servir el compàs ternari és el *vals*; mentre que la major part de la música que sols escoltar en la ràdio *(pop, rock...)* està en compàs quaternari.

ACTIVITATS

7. Practiqueu els tipus de compassos anteriors. Dividiu la classe en dos grups: el primer haurà de marcar-ne la pulsació i el segon, només les pulsacions accentuades, depenent del compàs que us indique el professor.

8. Taral·lareja una cançó coneguda marcant-ne la pulsació i buscant-ne l'accentuació. Prova a fer-ho amb melodies que conegues.

9. Escolta les audicions següents. Busca aquest suport o accent que es produeix cada diverses pulsacions i intenta deduir-ne el compàs.

Els compassos es representen mitjançant un trencat o fracció (Figura 2.3):

El *numerador* indica el nombre de pulsacions o temps que té el compàs.

$\frac{2}{4}$	$\frac{3}{4}$	$\frac{4}{4}$
2 temps	3 temps	4 temps

El *denominador* indica el tipus de figura que val un temps. En música s'associa cada figura a un nombre. Aquest és donat pel nombre de figures en què es divideix una redona.

Així, una redona és igual que dues blanques, quatre negres, huit corxeres, setze semicorxeres, etc. En el quadre següent pots observar les equivalències entre les diferents figures.

Figura 2.3.
Trencat per a representar compassos. La imatge mostra un compàs de 2 temps.

Quadre d'equivalències de les figures

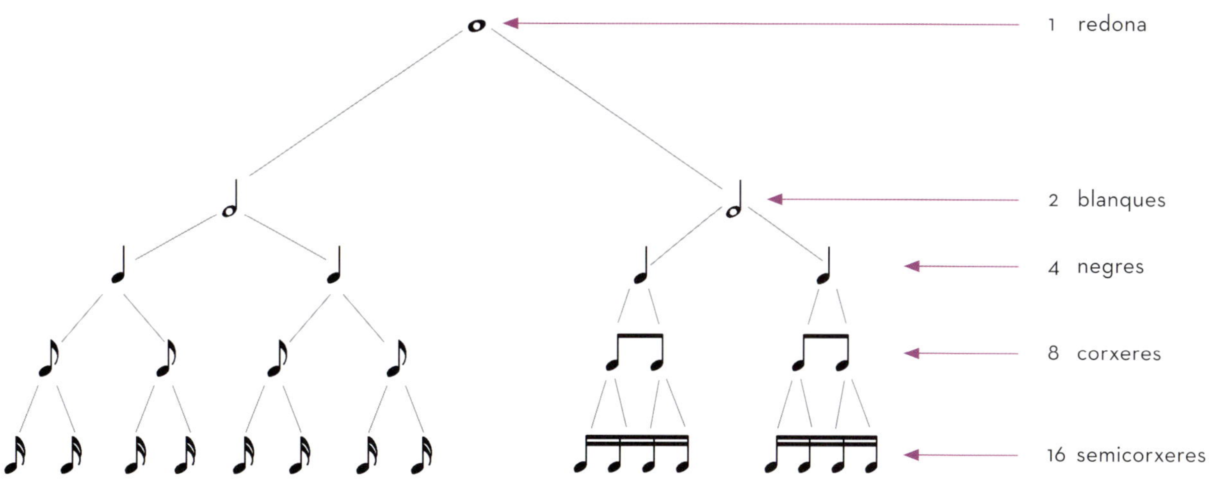

Observa que la negra s'identifica amb el nombre 4, ja que una redona és igual que 4 negres; per tant, en els tres compassos anteriors, en què el denominador és 4, la que figura que val un temps és la negra.

Compàs binari

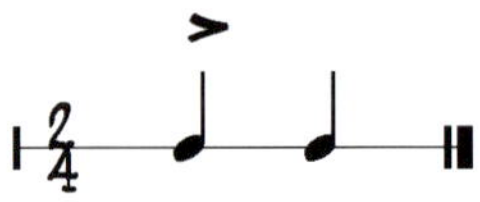

Compàs ternari

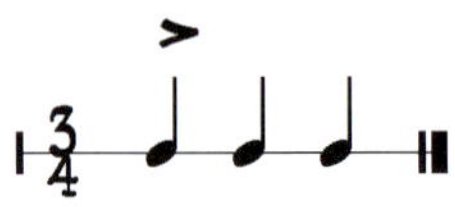

Compàs quaternari

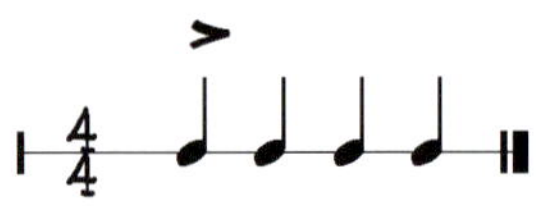

Si fem servir les equivalències entre les figures, podem trobar múltiples combinacions dins d'un compàs. Per exemple:

RECORDA

- La línia que s'utilitza per a separar els compassos es denomina **línia divisòria.**

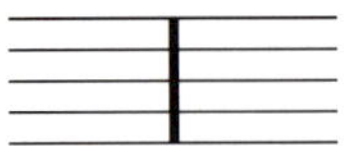

- La **doble barra final** es col·loca al final de la partitura i ens indica on acaba una peça musical.

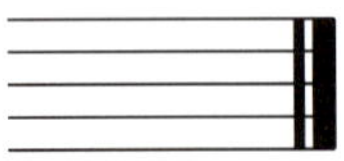

ACTIVITATS

10. Resol els exercicis següents:

a) Completa en el teu Llibre de Treball les equivalències següents amb la figura que correspongui:

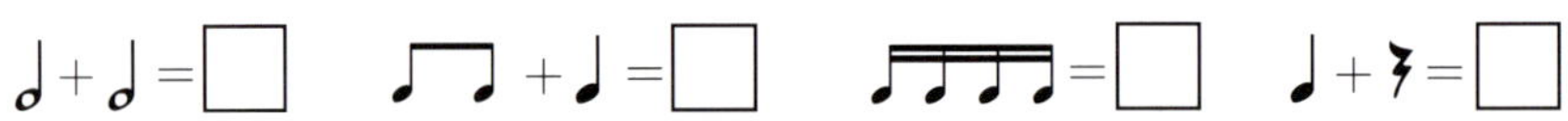

b) Posa-hi les línies divisòries:

c) Completa els compassos amb les figures que hi calguen:

d) Ompli els compassos amb els silencis que hi calguen:

3 El ritme

Contínuament sentim al nostre voltant expressions com «quin ritme de vida que portes!» o «que bé que balla, té molt de ritme!». Però sabries definir què és el ritme? Potser t'és difícil fer-ho, però de segur que sí que ets capaç de tocar o, fins i tot, d'inventar un *ritme*. Prova-ho amb l'exemple següent:

En l'Apartat 1 d'aquesta unitat hem vist que la pulsació és el batec constant i regular al voltant del qual es desenvolupa la música. No obstant això, en tota la música trobem combinacions de sons de diferent durada.

Podríem definir **ritme** com la combinació de sons de diferent durada que flueixen al voltant d'una pulsació.

ACTIVITATS

11. **Repeteix el ritme anterior, però ara marca'n al mateix temps la pulsació amb el peu.**

22 **12.** **Ara treballarem amb Steven Adler, el bateria de Guns N'Roses (Figura 2.4), que va participar en la gravació d'un dels seus èxits comercials, l'arxiconeguda *Paradise City.* Marca'n, primerament, la pulsació. En una segona audició, intenta tocar el ritme que fa la bateria. Finalment, dividiu la classe en dos grups, l'un que en marque la pulsació i l'altre que en toque el ritme.**

Figura 2.4.

Concert del grup de rock **Guns N'Roses.**

El ritme ha existit sempre; no obstant això, les figures i els compassos són un invent dels músics per a poder representar gràficament el ritme.

ACTIVITATS

13. Interpreta els ritmes següents i observa que, malgrat utilitzar la mateixa combinació de figures, el caràcter canvia depenent del compàs que fem servir.

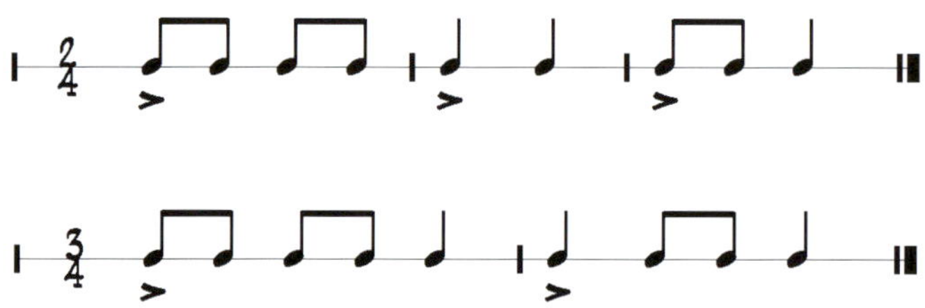

14. Hi ha ritmes que ens són molt familiars. Intenta associar els exemples següents amb la paraula corresponent:

a) 

b) 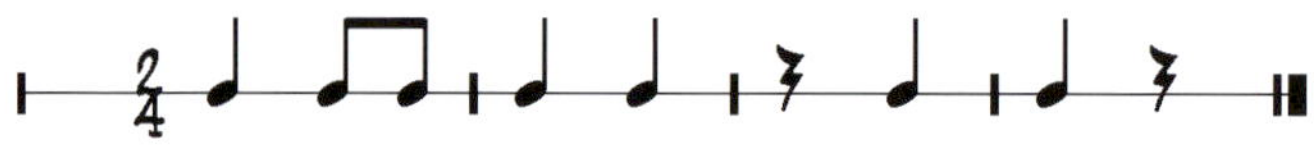

Àpats
Esports
Final d'una cosa
Pel·lícules

15. Habitualment, associem el ritme als instruments de percussió. Però no hem d'oblidar que les melodies també tenen ritme. Ara escoltaràs la coneguda melodia de la ***Petita serenata nocturna***, de **Mozart**. Primerament en sentiràs el ritme només; després, la melodia i, finalment, les dues coses alhora.

16. Intenta ara, a partir d'una cançó coneguda, taral·larejar-ne la melodia i fer palmades amb el ritme.

Figura 2.5.
La música africana es caracteritza per la gran riquesa rítmica que té.

Quan interpretem diversos ritmes diferents simultàniament, es produeix una **polirítmia.**

En algunes cultures, com l'africana (Figura 2.5), hi ha una gran riquesa rítmica i polirítmies molt complexes.

ACTIVITATS

17. Escolta l'audició de música africana següent i observa que s'hi superposen diferents ritmes per a crear una polirítmia.

4 Auditori: el rock

A. Les dades

Quan **Elvis Presley** i **Chuck Berry** van fer sonar les seues primeres cançons, probablement no es podien imaginar que obrien una nova era en el món de la música. Era la dècada del 1950. A partir d'aquest moment la guitarra serà l'instrument rei per a aquesta música, com el saxo ho serà per al *jazz*.

En la dècada dels seixanta, la invasió britànica de **The Beatles** i **The Rolling Stones** (els xicots bons i els dolents, respectivament) donarà l'impuls definitiu al *rock and roll* i el convertirà en rock, amb sons més durs i idees més reivindicatives i provocadores.

Un guitarrista bàsic per a la música rock serà **Jimi Hendrix,** considerat el pare de la «distorsió» (so potent i brutal en la guitarra elèctrica). Termes com ara *heavy metal, hard rock* o *grunge* han servit, en la segona meitat del segle XX, per a fer referència a aquestes músiques amb un so dur i amb un missatge inconformista.

B. La música

Un grup de rock està format, habitualment, per dues guitarres elèctriques, un baix elèctric i una bateria, a més del cantant. Aquesta formació ha anat canviant al llarg del temps i ha arribat, fins i tot, a incorporar instruments com el violí elèctric. A continuació, escoltarem alguns sons representatius de la música rock.

Figura 2.6.
Concert del mític grup de rock **Deep Purple.**

Satisfets? Potser tot al contrari. *Satisfaction (I can't get no),* de **The Rolling Stones,** es va convertir en una mena d'himne i en la tornada més corejada de la fi dels anys seixanta.

Smoke on the water, de **Deep Purple** (Figura 2.6), comença amb el *riff* de guitarra més famós de la història. La famosa seqüència d'introducció consisteix en quatre *riff* (frases) de quatre compassos cada un en l'ordre següent:

1. *Riff* en la guitarra
2. *Riff* en dues guitarres + Bateria (xarleston)
3. *Riff* en dues guitarres + Bateria (xarleston + caixa)
4. *Riff* en dues guitarres + Bateria + Baix

Figura 2.7.
Imatge del grup **Iron Maiden** en concert. Un dels pares del *heavy metal.*

El grup **Iron Maiden** (Figura 2.6) va posar un so contundent a allò que es va anomenar llavors «heavy metal». El tema *The trooper* és un bon exemple del seu so.

I qui no ha escoltat la bateria «tronadora» i les palmades acompanyant una de les veus més carismàtiques del rock de tots els temps? Per descomptat, parlem de **Queen** i del seu tema *We will rock you.*

5 Amb molt de ritme

En aquesta lliçó treballaràs:

Exercici 1. Fes els exercicis rítmics següents amb palmades. Després, interpreta'ls l'un darrere de l'altre amb l'audició de fons:

Exercici 2. Practica aquestes polirítmies a dues mans sobre els genolls. També pots fer-les amb uns bongos.

M. D.: bongo menut
M. E.: bongo gran

Exercici 3. Coneix la bateria (Figura 2.8):

Figura 2.8.
Imatge d'una **bateria** composta per diferents instruments de percussió.

WEB DE RECURSOS

En la web de recursos podràs practicar amb una bateria virtual.

6 Afinant

A. Educa la veu

Un dels problemes principals que tindràs quan cantes és l'àmbit greu-agut que pot comprendre la teua veu. En la Unitat 4 veurem que aquest àmbit s'anomena **tessitura**. Normalment, et costarà bastant pujar cap a les notes agudes i la tendència serà «cridar» aquestes notes, i aquest fet farà que sonen desagradables a l'oïda i, a més a més, pots lesionar-te les cordes vocals. De segur que més d'una vegada et deus haver quedat amb les ganes de cantar alguna de les teues cançons preferides perquè «no hi arribes».

L'exercici d'aquesta unitat està pensat per a anar ampliant la capacitat de la teua veu de pujar cap a notes més agudes. El pots practicar sobre la base de piano del teu CD.

SAPS QUE...

Molt pocs cantants poden emetre l'anomenat «do de pit» o *do* sobreagut amb potència i qualitat tímbrica.

30

Pujant per semitons

B. Lectura musical

En aquesta unitat treballarem la lectura i l'entonació de les notes *do-re-mi* que ja hem treballat en la unitat anterior i n'hi afegirem dues de noves: *fa* i *sol*. Llig, seguint una pulsació, el nom d'aquestes notes. Procura no perdre'n la pulsació en fer-ho.

C. Exercici interpretatiu

Ara entona l'exercici següent. Encara que cantes amb el nom de les notes, intenta col·locar bé la veu i no cantar «de gola». Pots interpretar, primer de tot, l'exercici amb la flauta per a aprendre'n l'afinació correcta.

31

7 Mou els dits

En aquesta secció de *Mou els dits* aprofundirem una sèrie d'exercicis orientats a practicar les notes *do* i *re* greus. A més, continuarem repassant les notes practicades en la unitat anterior: *mi, fa, sol, la* i *si.*

Observa i memoritza les posicions d'aquestes notes de l'annex. Després, toca aquestes notes en la flauta procurant que tots els forats estiguen ben tapats i comprova que cada so sona correctament.

A continuació, interpreta els exercicis següents amb l'ajuda del professor. Recorda que, tant a casa com a l'aula, pots fer servir els acompanyaments inclosos en el CD per a practicar-los d'una manera més amena.

Exercici 1 *Do-Re-Mi*

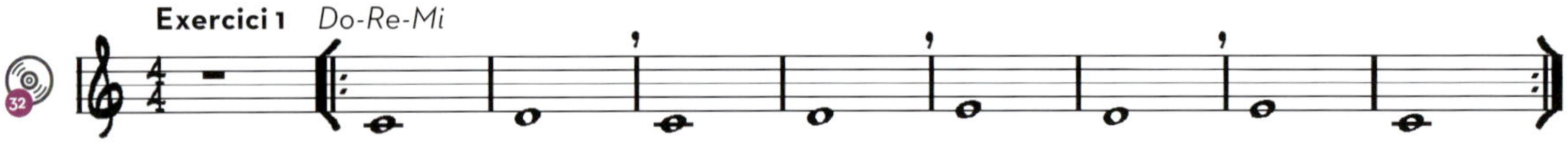

Exercici 2

Exercici 3 *Do-Re-Mi-Fa-Sol*

Exercici 4 *Do-Re-Mi-Fa-Sol-La-Si*

Exercici 5

Exercici 6

Figura 2.9.
El ***djembe*** és un instrument d'origen africà. El podràs escoltar en l'acompanyament de l'Exercici 1.

Figura 2.10. Sintetitzador.

8 Concert

Un dels grups de rock més internacionals, a més del més veterà, ha estat **The Rolling Stones** (Figura 2.11). La seua història comença el 1960, quan **Mick Jagger** i **Keith Richards,** dos vells companys d'estudis, comencen a compartir la seua passió per la música i el *rhythm & blues.*

Fora de l'escenari els experts de màrqueting volien donar-los a conéixer com els «xicots dolents» del pop/rock, per contraposició a **The Beatles,** que podrien ser considerats els «xicots bons».

McGraw Rock

Figura 2.11.
Concert de **The Rolling Stones.**

SAPS QUE...

Les lligadures són signes que serveixen si es produeixen entre notes del mateix nom, per a sumar o perllongar el valor de les notes que continguen aquesta lligadura.

Veiem en l'exemple anterior que una negra lligada a una blanca s'interpreta com si el seu valor fóra de tres temps.

El *rock and roll* és un gènere musical de ritme marcat i ballable. Nascut en la dècada del 1950, el *rock and roll* va rebre influències de gèneres com el *rhythm and blues*, el *country*, etc. Entre els artistes principals d'aquest gènere podem esmentar, entre altres, Elvis Presley (conegut com «el Rei»), Chuck Berry o Little Richard. Tot seguit, pots interpretar una composició basada en el *rock and roll* de l'època, però amb influències musicals diverses.

Figura 2.12.
Elvis Presley.

Rock and Sol

Flauta
Allegro ♩ = 160

Música: José Palazón

RECORDA

Signes de repetició

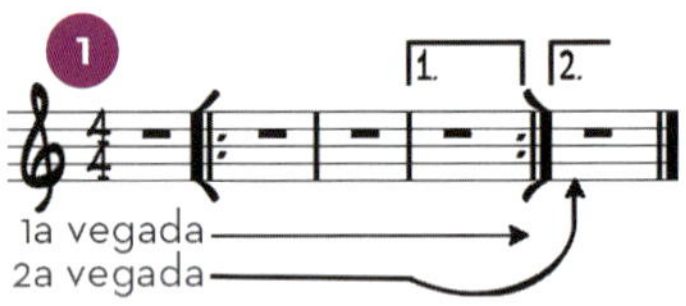

Caselles de 1a i 2a. En fer la 2a repetició, ens saltem la casella de 1a i en compte seu toquem la casella de 2a.

Es repeteixen els dos compassos immediatament anteriors.

Aquest signe indica un salt des del lloc on es mostra fins a una altra part de la partitura.

Pulsació	*Tempo*	
Batec intern de la música	Velocitat de la pulsació. Es mesura amb el metrònom	

Presto	(Molt ràpid)
Allegro	(Ràpid)
Andante	(Mitjà)
Adagio	(Lentament)
Largo	(Molt lentament)
Accelerando	(Cada vegada més ràpidament)
Ritardando	(Cada vegada més lentament)

Accent → Compàs

Accent cada dues pulsacions → Compàs binari

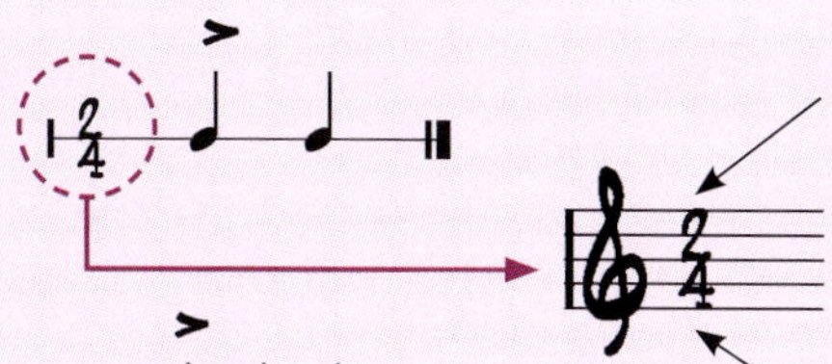

Numerador nre. de pulsacions (2)

Denominador figura que ocupa un temps (4 →)

Accent cada tres pulsacions → Compàs ternari

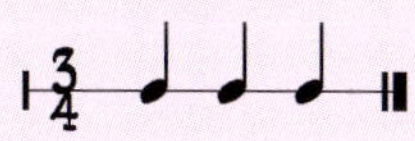

Accent cada quatre pulsacions → Compàs quaternari

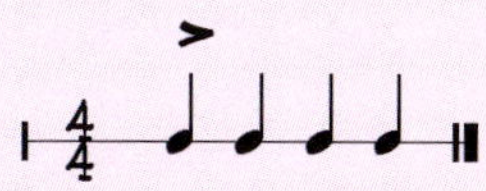

Ritme	És la combinació de sons de diferent durada que flueixen al voltant d'una pulsació.
Polirítmia	Superposició de ritmes distints.

Recorda

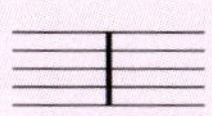

La línia que s'utilitza per a separar els compassos es denomina **línia divisòria.**

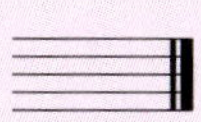

La **doble barra final** es col·loca al final de la partitura i ens indica on acaba una peça musical.

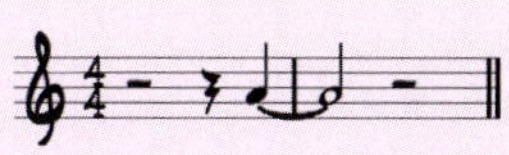

La **lligadura** uneix dues notes del mateix nom i en suma la durada.

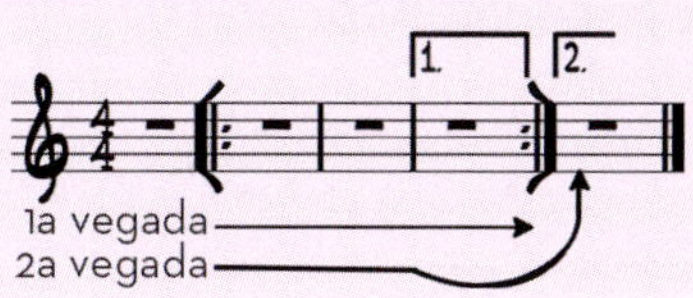

Caselles de 1a i 2a. En fer la 2a repetició, ens saltem la casella de 1a i en compte seu toquem la casella de 2a.

ACTIVITATS FINALS

1. Defineix els conceptes de *pulsació* i *tempo.*
2. Col·loca en el teu Llibre de Treball cada indicació en la columna corresponent, segons que siga de *tempo* o de matís, i escriu al costat el significat corresponent: *allegro, forte, adagio, piano, presto, fortissimo, largo, pianissimo, crescendo, accelerando, ritardando, diminuendo, andante* i *mezzoforte.*

Tempo	Matís
Allegro (ràpid)	*Forte* (fort)

3. Explica quina diferència hi hauria en tocar amb un pandero els exemples següents:

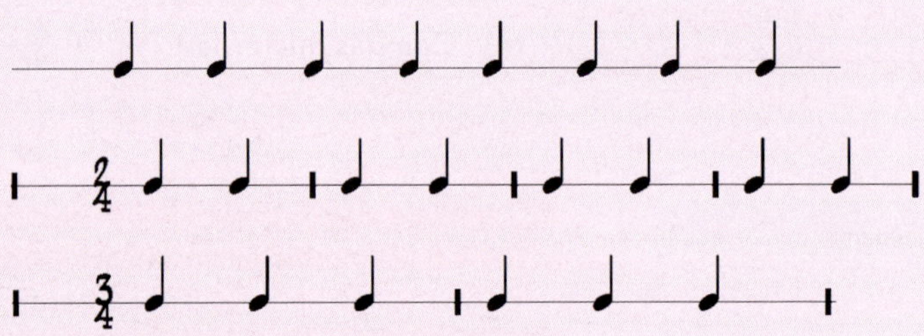

4. Escriu al costat de cada esquema el tipus de compàs que representa:

> >
| | | |
1 2 1 2 Compàs...

> >
| | | | | |
1 2 3 1 2 3 Compàs...

> >
| | | | | | | |
1 2 3 4 1 2 3 4 Compàs...

5. Posa les línies divisòries on corresponga:

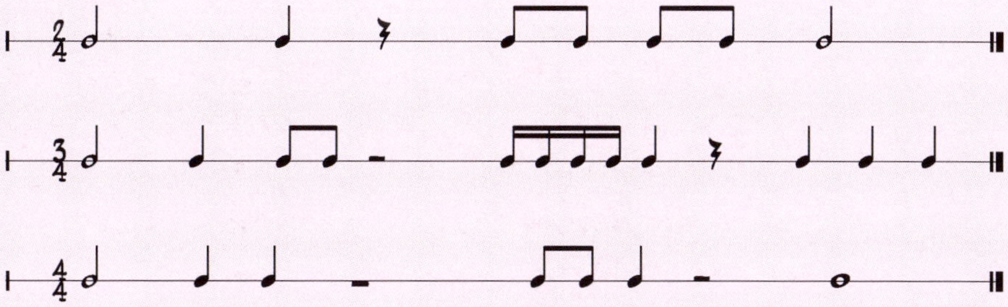

6. Completa els compassos següents amb les figures o els silencis que siguen necessaris:

7. Alguns compassos contenen errades. Localitza-les-hi:

8. Dictat rítmic: escolta els esquemes rítmics que interpretarà el teu professor i escriu-los en el teu Llibre de Treball:

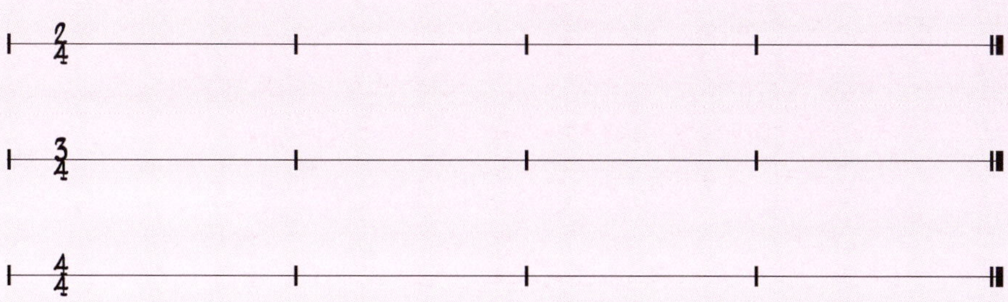

3 MELODIA I HARMONIA

La *melodia* és l'element de la música que percebem més fàcilment i que ens és més senzill de retenir en la memòria.

És capaç de modificar-nos l'estat d'ànim: alegrar-nos, entristir-nos, emocionar-nos... Per això, del tipus de melodia depén, en gran manera, el resultat final de l'obra musical.

L'*harmonia*, d'altra banda, proporciona l'acompanyament que complementa la melodia i li dóna riquesa, i contribueix a configurar-ne el caràcter.

Al llarg de la unitat intentarem explicar algunes de les característiques que hem de tenir en compte a l'hora d'analitzar una melodia i també comprendre una mica més bé el concepte d'harmonia.

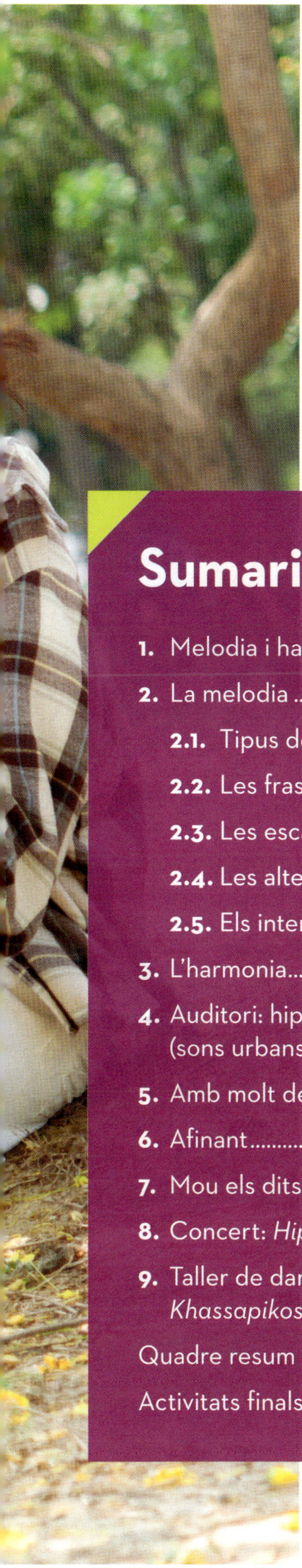

Sumari

Una col·lecció

Estilo Hip-Hop **(distribuït per la discogràfica del mateix nom)**

Àudios i videoclips en una de les col·leccions de hip-hop més completes de la música espanyola.

Una pel·lícula

***Amadeus*, de Milos Forman (1982)**

Obra mestra que recrea la vida de **Mozart** per mitjà de la mirada del seu rival **Salieri,** i en què es pot gaudir del plaer d'escoltar una gran part de l'obra musical del genial compositor.

Un llibre

***Historias insólitas de la música*, de Lawrence Lindt , col·lecció «Musica ma non troppo»**

Relat molt amé que narra alguns dels esdeveniments, els invents i les idees que van tenir una importància fonamental en l'evolució de la música clàssica i la innovació musical.

1 Melodia i harmonia

Imagina que vols mostrar a un amic com és l'últim èxit del teu cantant preferit i, per a fer-ho, li taral·lareges la cançó; això que acabes de cantar n'és la *melodia*. No obstant això, de segur que en la cançó hi ha altres instruments acompanyant aquesta melodia principal (teclat, guitarra, baix...); aquests instruments proporcionen l'*harmonia*. Finalment, la bateria aporta la base rítmica.

En la Unitat 1 hem vist que l'altura és la qualitat del so que diferencia entre sons greus i aguts. Així doncs, si combinem sons de diferent altura, l'un a continuació de l'altre, podem crear una **melodia;** d'altra banda, si fem sonar diversos sons distints, de manera simultània, tindrem l'**harmonia.**

Melodia: sons successius

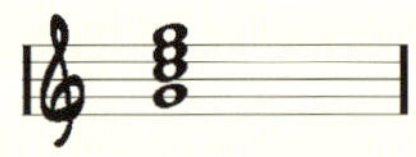

Harmonia: sons simultanis

ACTIVITATS

1. **Escolta l'audició següent, anomenada *Fiesta pagana,* del grup Mägo de Oz (Figura 3.1):**
   a) Identifica'n la melodia. Quins instruments hi participen?
   b) Quin instrument du a terme l'acompanyament harmònic?

Figura 3.1.
Mägo de Oz. Grup de rock espanyol.

La melodia, per tant, es representa de manera *horitzontal,* col·locant un so al costat d'un altre, mentre que l'harmonia es representa de manera *vertical*, uns sons damunt dels altres, per a indicar que sonen al mateix temps.

ACTIVITATS

2. **Escolta els tres fragments següents i associa'ls amb l'opció que corresponga; escriu en el teu Llibre de Treball melodia / harmonia / melodia depenent de l'ordre en què els hages escoltat:**

2 La melodia

Com acabes de veure, la **melodia** es pot definir com una successió de sons de diferent altura, animats pel ritme, que expressen una idea musical.

Una mateixa successió de sons (o altures) pot sonar molt distinta depenent del ritme que tinga. Comprova-ho en l'activitat següent:

ACTIVITATS

3. Escolta la melodia que el teu professor interpretarà. És molt coneguda, però n'hem modificat el ritme fins a deixar-la gairebé irrecognoscible. Series capaç d'identificar-la?

Copia en el teu Llibre de Treball només els caps de les notes. Si encara no l'has reconeguda, intenta tocar-la amb la flauta, interpretant totes les notes com si foren negres. Saps ara de quina melodia es tracta?

En els apartats següents podràs conéixer algunes de les característiques que determinen el caràcter d'una melodia.

2.1. Tipus de melodies

Hi ha molts tipus diferents de melodies, depenent del disseny o del perfil melòdic corresponent:

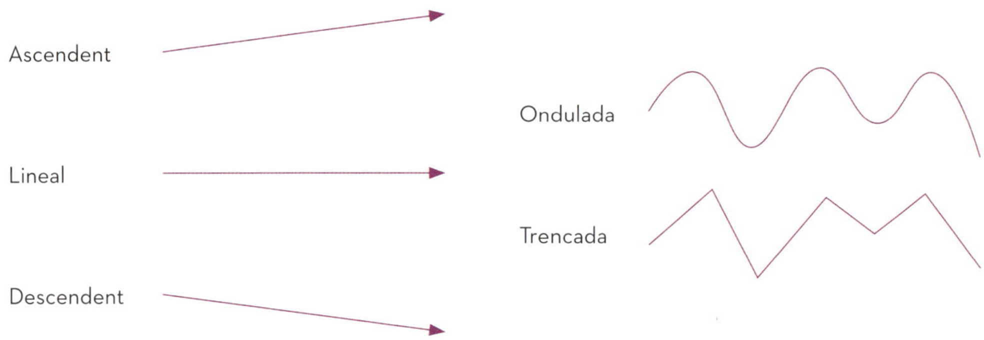

ACTIVITATS

4. Observa les melodies següents. Imagina una línia que poguera unir els caps de les notes en cada exemple. Quin tipus de perfil obtindríem en cada cas? Dibuixa cada un d'aquests perfils en el teu Llibre de Treball.

Melodia 1. Introducció de la *Primera simfonia*, de **Beethoven.**

Melodia 2. *El bo, el lleig i el dolent*, d'**Ennio Morricone.**

Figura 3.2.
Fotograma d'*El senyor dels anells*, la trilogia de **Tolkien** portada al cinema.

Melodia 3. *El senyor dels anells* (Figura 3.2), de **H. Shore.**

Melodia 4. *Samba de uma nota só*, de **Jobim.**

Melodia 5. *Adagio*, d'**Albinoni.**

5. Ara escolta les audicions i identifica l'ordre en què sonen.

2.2. Les frases musicals

Les melodies s'estructuren en **frases musicals,** de manera semblant al que ocorre en el llenguatge parlat o escrit. Igual que en un text podem veure diferents oracions, una melodia es pot dividir en diverses frases musicals.

Les frases musicals solen anar separades per *cadències* o clàusules, l'equivalent als signes de puntuació del llenguatge escrit. Aquestes cadències poden ser:

- *Suspensives*: deixen la idea musical en suspens, fan la sensació d'alguna cosa inacabada **(,)**.
- *Conclusives*: sensació de final, de relaxació, que ha acabat la idea musical **(.)**.

ACTIVITATS

41

6. Digues si les frases musicals següents són suspensives (S) o conclusives (C):

1 ☐ 2 ☐ 3 ☐ 4 ☐ 5 ☐ 6 ☐

Les frases que acabes d'escoltar formen part de tres melodies. Associa cada frase suspensiva amb la frase conclusiva corresponent. Coneixes alguna de les melodies?

__1__ i ____ ____ i ____ ____ i ____

2.3. Les escales

La melodia es construeix dins d'una organització determinada d'altures de so o *escala*.

L'**escala** es pot definir com una successió de sons ordenats de greu a agut, o viceversa. És la gamma de sons que utilitzarà el compositor per a dur a terme la seua obra.

ACTIVITATS

7. Observa la melodia següent:

En el teu Llibre de Treball d'activitats, escriu en el pentagrama corresponent totes les notes distintes que es mostren en la melodia, sense repetir-ne cap i ordenades de greu a agut.

Una vegada escrites totes les notes de la melodia anterior, saps dir quina escala s'hi ha utilitzat?

RECORDA

Línies addicionals: són línies que es col·loquen damunt o davall del pentagrama per a escriure-hi les notes, més agudes o més greus, que en queden fora.

Exemple:

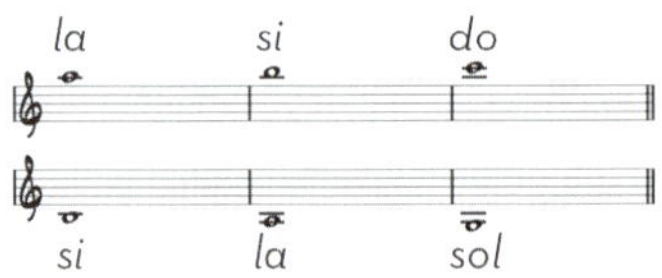

En una escala, la distància que hi ha entre dues notes consecutives pot ser de *to* o de *semitò* (mig to). Segons la distribució d'aquests tons i semitons, podem distingir entre escales majors i menors. Per a les primeres, es pren com a model l'escala de *Do major* i, per a les segones, l'escala de *La menor*. Segons l'escala que utilitzem, contribuirem a definir, d'una manera o d'una altra, el caràcter de la peça.

Escala de *Do major*

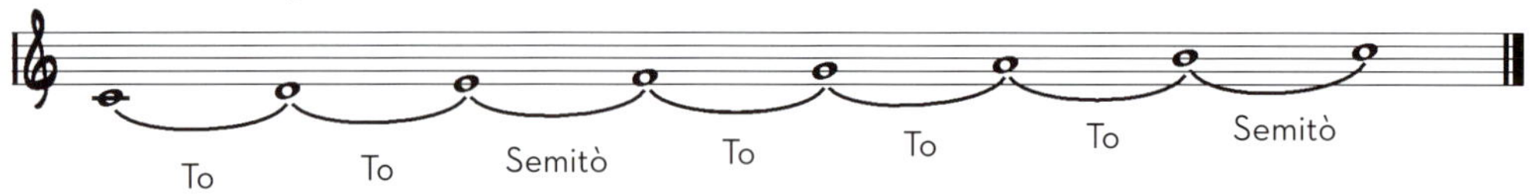

Escala de *La menor*

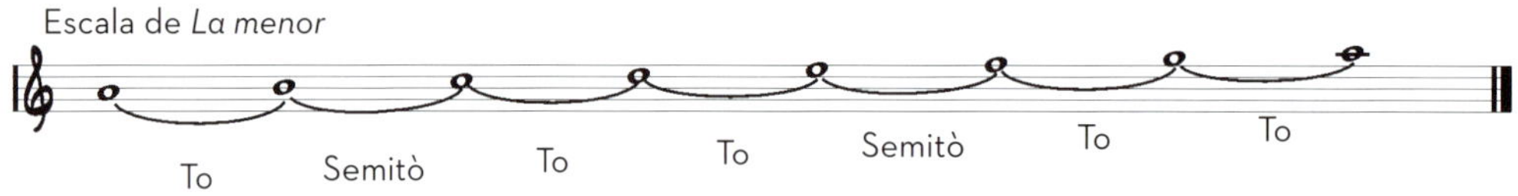

Observa que els semitons estan sempre entre les notes *mi-fa* i *si-do*, però estan situats en un lloc diferent per a cada una de les escales. Aquesta és la raó per la qual cada escala aporta a la música un caràcter diferent.

SAPS QUE...

Les escales majors solen aportar un caràcter més «alegre» a l'obra musical, mentre que les menors s'associen més amb un caràcter «melancòlic».

ACTIVITATS

42

8. Escolta les dues audicions següents. Es tracta d'una mateixa melodia en *mode major* i *menor*. Series capaç de dir quina utilitza una escala *major* i quina, una escala *menor*?

2.4. Les alteracions

No totes les escales utilitzen sons naturals, hi ha altres escales que fan servir sons alterats, és a dir, amb alteracions.

Les **alteracions** són uns signes que serveixen per a modificar l'altura del so. Es col·loquen a l'esquerra de la nota, a la mateixa altura.

- **Sostingut** ♯ Apuja mig to l'altura
- **Bemoll** ♭ Abaixa mig to l'altura
- **Becaire** ♮ Anul·la l'efecte del sostingut i del bemoll

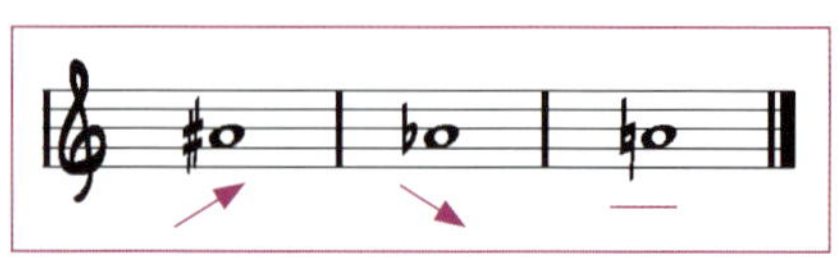

CURIOSITATS

Has sentit mai l'expressió «això és xinés per a mi»? Significa que una cosa és llunyana, desconeguda.

En la cultura oriental, una escala molt utilitzada és la **pentatònica** (formada per només cinc sons), que aporta una sonoritat peculiar que associem amb una cosa exòtica.

2.5. Els intervals

De la mateixa manera que, per a calcular la distància entre dos punts, podem utilitzar un metre, per a mesurar la distància, quant a altura de so, que hi ha d'una nota a una altra podem fer servir l'escala.

La distància en altura que hi ha entre dues notes l'anomenem **interval.**

Per a anomenar un interval, cal comptar de la primera nota a l'última, ambdues incloses. L'interval resultant s'anomena amb el nombre ordinal femení.

Exemple:

Entre *do* i *la* hi ha sis notes; per això diem que entre aquestes hi ha un interval de sexta.

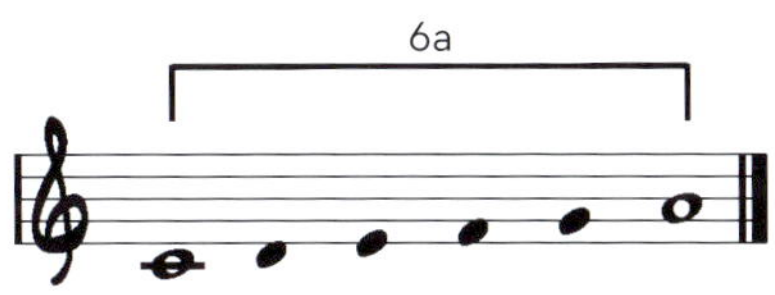

Observa els intervals que es formen entre la nota *do* i la resta de les notes de l'escala: fixa't que l'interval de 8a és la mateixa nota a una altura diferent.

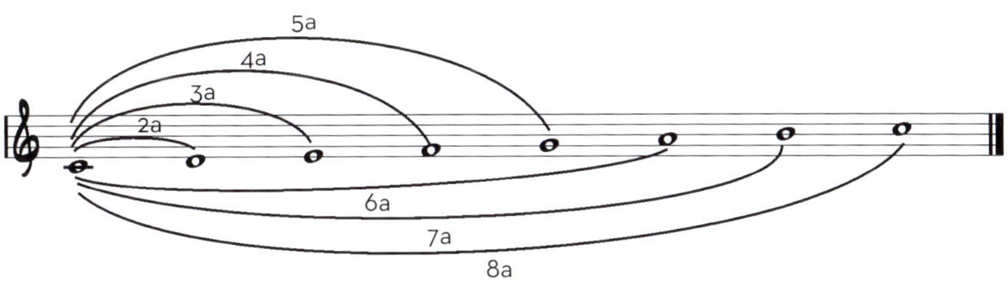

A més, els intervals poden ser *ascendents,* si van de greu a agut, o *descendents,* si van d'agut a greu. Els intervals també poden classificar-se en *melòdics,* si les dues notes que el formen sonen l'una a continuació de l'altra, o *harmònics,* si aquestes notes sonen al mateix temps.

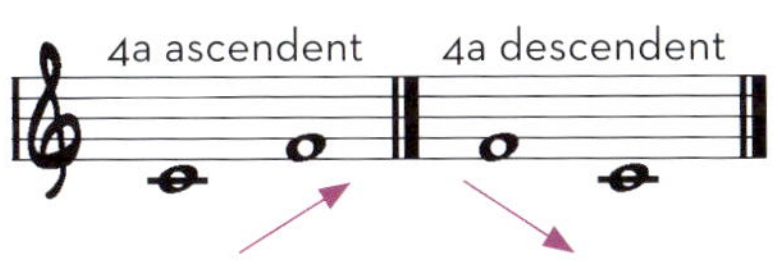

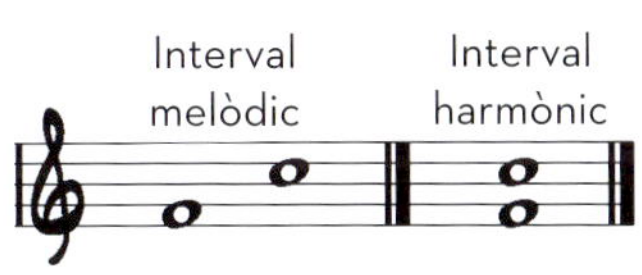

SAPS QUE...

En el **sistema solar** tots els planetes orbiten al voltant del Sol. Una cosa semblant ocorre amb l'escala: hi ha una nota més important (*do*), que es denomina **tònica,** al voltant de la qual «graviten» la resta de les notes.

ACTIVITATS

9. **Copia aquests intervals en el teu Llibre de Treball i anomena'ls:**

10. **Escolta els intervals següents tocats pel teu professor. Digues si són ascendents o descendents.**

3 L'harmonia

El terme **harmonia** es refereix a tot allò relacionat amb l'organització de sons simultanis. L'harmonia serveix d'acompanyament a la melodia i, a més, l'enriqueix i contribueix a configurar-ne el caràcter. Una mateixa melodia pot sonar molt diferent si en canviem l'acompanyament harmònic.

ACTIVITATS

43 **11. Escolta l'audició següent. Primer de tot, sentiràs una melodia. A continuació, escoltaràs la mateixa melodia amb dos acompanyaments harmònics distints. Observa que l'harmonia enriqueix la melodia i li dóna un caràcter més musical.**

Quan combinem diversos sons diferents alhora, podem produir dues sensacions diferents en l'oient:

- Sensació de relaxació: en música se l'anomena **consonància.**
- Sensació de tensió: això ho denominem **dissonància.**

L'alternança d'aquestes dues sensacions (tensió i relaxació) és la base de la creació musical.

ACTIVITATS

43 **12. Torna a escoltar l'audició anterior. Quin dels acompanyaments harmònics penses que és més consonant i quin, més dissonant? Justifica la resposta.**

L'harmonia es fonamenta en l'**acord,** que és el conjunt de tres sons diferents o més que sonen al mateix temps.

La manera més habitual de construir acords en música és superposant intervals de tercera a una nota donada.

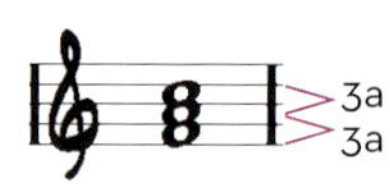

ACTIVITATS

13. Construeix en el teu Llibre de Treball acords sobre les notes següents:

Exemple

4 Auditori: hip-hop / rap (sons urbans)

A. Les dades

La rivalitat o tensió entre artistes ha estat una constant en tot tipus d'art al llarg de la història: **Leonardo da Vinci/Miquel Àngel** en pintura, **Brahms/Wagner** en música clàssica o **Bird/Coltrane** en jazz.

Un estil musical nascut en els barris negres i hispans de Nova York va abraçar aquest esperit competitiu més que cap altre i va crear un món de paraules, burles i insults. Aquest art va donar lloc a una cultura musical coneguda com a **hip-hop.** D'aquesta manera va començar la batalla entre els «MC» i els «rapers» (Figura 3.3).

El terme rap significava «parlar» en l'argot dels anys seixanta. Però, mentre que el *rap* al·ludeix a la música, el hip-hop es refereix, de manera més àmplia, a la música, a la nova cultura del grafit, a la manera de vestir i al *breakdance*.

SAPS QUE...

L'**argot** és un llenguatge convencional, especialment utilitzat per un grup, una professió, una classe social...

Figura 3.3.
Imatge d'una actuació de *rapers*.

B. La música

44

Un dels efectes de so més reconeguts en el hip-hop és l'*scratch*, que significa «ratllar» o «arrapar». Aquesta tècnica va ser utilitzada pels primers Dj (discjòqueis). Consisteix a moure un disc de vinil cap avant i cap arrere.

Escolta què pot fer el que està considerat un dels millors Dj de *scratch* del món, **Dj Qbert,** en el tema *Electric scratch dome*.

El rap va estar influenciat per la música *disco* i el funk dels anys setanta. De la música *disco* va heretar els dissenys senzills i ballables de bateria. Del funk, les línies complexes de baix i les guitarres molt rítmiques. Escolta el tema *Rapper's delight* (1979), de **Sugar Hills,** i hi distingiràs els elements que acabem d'esmentar.

Començament de la lletra de la cançó *Rapper's delight*

I said a hip hop the hippie the hippie to the hip hip hop, a you don't stop

The rock it to the bang bang boogie say up jumped the boogie

To the rhythm of the boogie, the beat

Tanquem aquest auditori amb el tema *Gangsta's Paradise*, de **Coolio.** El tema es basa en la melodia *Pastime Paradise*, de **Steve Wonder.** Inclòs en la banda sonora de la pel·lícula *Dangerous Minds (Ments perilloses)*, va arribar al número 1 en les llistes dels Estats Units. Al Regne Unit va ser el primer senzill de rap a vendre un milió de còpies i també va ser-ne número 1.

Actualment, les cançons de **Public Enemy, Eminem, L. L. Cool J, Beastie Boys, Ice-T, Ice Cube, 50 Cent,** etc., conten històries amb un alt contingut violent. Dins del panorama espanyol podem esmentar, entre altres, **SFDK, El club de los poetas violentos, El Chojin, Violadores del verso...** A hores d'ara, al Brasil s'utilitza el hip-hop com a mitjà d'inserció social. Així, **Nega Gizza,** una de les *raperes* més reconegudes del Brasil, fa servir aquesta música per a la denúncia política i posa sobre la taula temes com la violència, les drogues, la pobresa i la prostitució.

5 Amb molt de ritme

Ara aprofundirem l'estudi de les figures i dels silencis que hem vist en la unitat anterior i en practicarem uns altres de nous.

Fes els exercicis rítmics següents amb palmades. Després, interpreta'ls l'un a continuació de l'altre amb l'audició de fons:

Exercici 1

Exercici 2

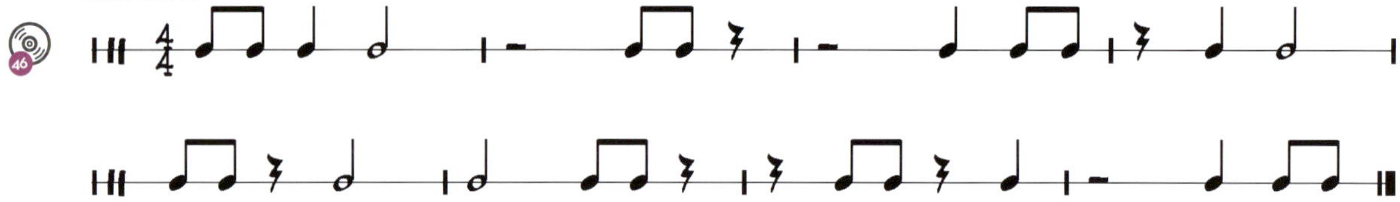

Practica aquestes polirítmies a dues mans sobre els genolls. També pots dur-les a terme amb els bongos:

Exercici 3

Exercici 4

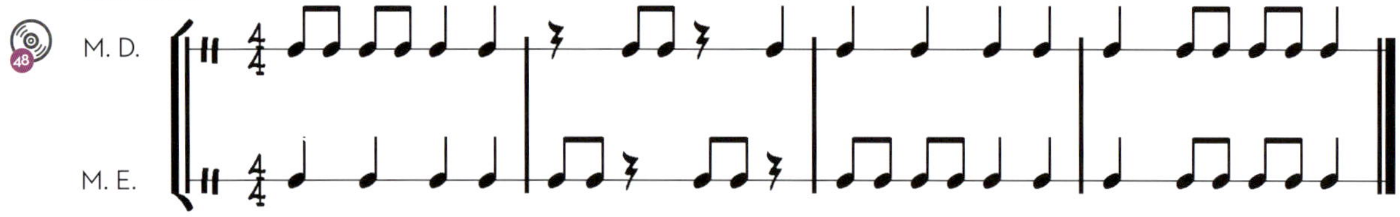

Aprén una mica més sobre la bateria; en l'exemple musical que tens a continuació pots veure com es representen gràficament alguns dels instruments. Escolta en l'audició del teu CD els tres instruments de la bateria representats en l'exemple següent.

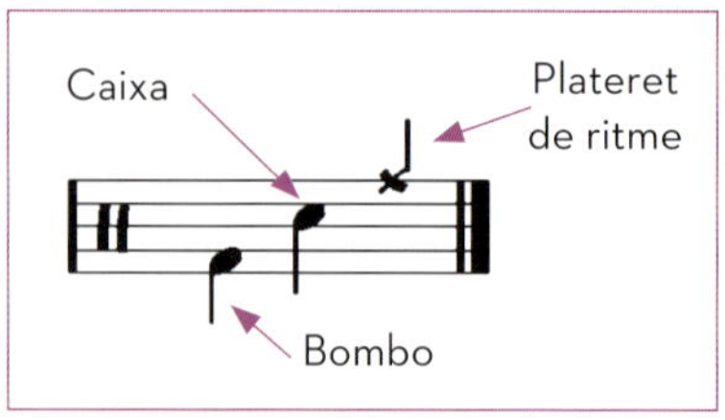

6 Afinant

A. Educa la veu

De la mateixa manera que saltar un obstacle pot ser perillós de vegades, perquè hi fem curt i entropessem amb l'obstacle, el salt vocal d'una nota més greu a una d'aguda, o viceversa, sol ser problemàtic per als cantants amb poca experiència. És normal, al principi, que en aquest tipus de salts o intervals melòdics es desafine la nota superior. Amb aquest exercici pots adquirir més seguretat en l'entonació dels intervals de 3a i de 5a.

SAPS QUE...

Moltes persones parlen en un to més baix que el que tenen naturalment i això els produeix problemes, com ara afonies i lesions en les cordes vocals.

B. Lectura musical

Aquesta vegada afegirem la nota *la* del segon espai a les que ja coneixes. Marca una pulsació de, aproximadament, negra = 80 i, sense trencar aquesta pulsació, vés dient (sense entonar) el nom d'aquestes notes.

C. Repertori

Amb les notes i els exercicis que has fet fins ara ja estàs preparat per a interpretar una cançó. Començarem amb una peça de música ètnica originària d'una tribu d'Austràlia. És un cànon; per tant, quan us la sapieu molt bé, podeu intentar cantar-la a diverses veus.

Proposta interpretativa

UNÍSON	MELODIA I *OSTINATO*	CÀNON A DUES VEUS
	- 2a veu canta *ostinato* en *do* (mateixa lletra)	- Entrada amb diferència de quatre compassos - Final quan la 2a veu completa melodia

7 Mou els dits

Continuant el curs de flauta, ara repassarem en aquesta unitat les notes estudiades anteriorment. També ampliarem els nostres coneixements aprenent a interpretar *corxeres* amb el nostre instrument. Per a fer-ho, segueix les instruccions del professor i recorda les indicacions de les unitats anteriors (especialment quant a l'emissió regular del so) per a obtenir un so agradable.

Figura 3.4.
Grup de jazz.

Com de costum, podrem utilitzar dos acompanyaments diferents inclosos en el nostre CD:

- Acompanyament *exercicis 1, 2* i *3*: compost per *bateria, baix elèctric, sintetitzadors* i un instrument típic del folklore de Galícia: la *gaita*.
- Acompanyament *exercicis 4, 5* i *6*: interpretarem aquests exercicis acompanyats d'un trio de jazz (Figura 3.4) compost per *piano, bateria* i *contrabaix*.

Exercici 1

52

Exercici 2

Exercici 3

Exercici 4

53

Exercici 5

Exercici 6

8 Concert

En l'apartat *Auditori* d'aquest tema tens informació detallada sobre el hip-hop. Deus haver observat la senzillesa d'aquesta música i la utilització d'esquemes rítmics senzills i repetitius en les bateries.

Això fa que el text s'entenga més bé, i ja saps que en el rap el més important és la història que es conta. Per cert, saps que els *rapers* no diuen «ara cantaré», sinó «ara rimaré»? De segur que ja deus haver vist que els seus textos estan molt rimats, i hi és més important aquesta rima que no la melodia. De fet, la majoria de les frases que «rimen» no tenen melodia, però sí un ritme molt precís.

La peça que interpretaràs conté alguns elements musicals usats en el rap: bases rítmiques contundents, efectes de *scratch*, dissenys melòdics senzills... Però, al mateix temps, és més elaborada quant a la melodia i l'harmonia. Això es deu al fet que la peça és instrumental i no depén d'un text.

Figura 3.5.
Grup de rap durant una actuació.

Hip-Night-Hop

54 55 Flauta

Música: José Palazón

9 Taller de danses del món

En aquest taller ens acostarem al món de la dansa ballant algunes danses tradicionals del món.

En aquesta unitat ballarem una **dansa grega.** Grècia presenta una riquesa extraordinària pel que fa a la música i a les danses tradicionals, molt presents en la vida quotidiana grega i àmpliament popularitzades fora de les seues fronteres; a això també contribueix el cine amb pel·lícules com *Zorba, el griego.*

Hi ha moltes semblances en tots els balls grecs, tant pel que fa a la manera com s'agafen les mans amb l'esquena dreta, com pel que fa a la formació dels ballarins. El cercle o rogle és una figura fonamental, tancat o obert, que crea una cadena amb els braços entrellaçats o amb aquests sobre els muscles, mentre el conductor de la fila adorna els passos del ball i l'acoloreix, de manera que el fa transformar d'una mera repetició de passos en una execució excitant. Per als grecs, quan algú s'alça a ballar, siga quina siga la classe social o la situació econòmica, «és rei mentre balla».

La dansa que ara ballarem s'anomena ***Khassapikos,*** i és una de les més tradicionals a Grècia. Es balla en una formació en línia o cercle amb les mans en els muscles dels companys. En moltes coreografies (encara que no en la que has d'interpretar), la dansa comença de manera lenta i va esdevenint gradualment més ràpida, sovint incloent-hi salts. La melodia triada per a ballar el *Khassapikos* es titula *Oloi oi rempetes,* i està interpretada pel cèlebre cantant i guitarrista grec Giorgos Ntalaras.

SAPS QUE...

El famós *sirtaki* no és una dansa grega tradicional. Va ser creat el 1964 per a la pel·lícula *Zorba, el griego,* de la mescla de versions lentes i ràpides de la dansa *Khassapikos.*

Resum coreogràfic

La dansa que has d'interpretar s'inicia amb tots els participants col·locats en rogle amb els braços entrellaçats sobre els muscles dels companys (més tard, els braços s'han de col·locar en W).

Amb les cames s'executen desplaçaments laterals alternats amb tres passos, dos passos i un pas, i això fa que el rogle es tanque una miqueta. Finalment es recupera la posició inicial i es retrocedeix una mica amb uns quants passos.

- **Altura**
  - **Melodía** Successió de sons:
  - **Harmonia** Sons simultanis:
- **Melodia**
  - Tipus de melodies: Ascendent, Descendent, Lineal, Ondulada, Trencada
  - Frases musicals separades per Cadències
    - Suspensiva (,)
    - Conclusiva (.)
  - Escala: Successió de sons ordenats de greu a agut poden ser
    - Majors (alegres)
    - Menors (tristos)
    - Distribució tipus de tons i semitons en una escala major: Escala de *Do major* — To, To, Semitò, To, To, To, Semitò
  - Alteracions
    - **Sostingut** ♯ Apuja mig to l'altura
    - **Bemoll** ♭ Abaixa mig to l'altura
    - **Becaire** ♮ Anul·la l'efecte del sostingut i del bemoll
  - Interval
    - 4a ascendent, 4a descendent — Classificació dels intervals, segons l'emissió dels sons
    - Interval harmònic, Interval melòdic — Classificació dels intervals, segons la direcció de les notes
- **L'harmonia**: Combinació de tres sons o més
  - Consonància (relaxació)
  - Dissonància (tensió)
  - es basa en l' Acord: Conjunt de tres sons diferents o més que sonen al mateix temps

1. **Respon a les preguntes següents:**

   a) Quina diferència hi ha entre *melodia* i *harmonia?*

   b) En els exemples següents, assenyala quin representa una melodia i quin, una harmonia. Justifica la teua resposta.

2. **Què és una *escala*? Dibuixa en un pentagrama l'escala de *do* i digues on se situen els tons i els semitons.**

3. **Fes en el Llibre de Treball les activitats següents sobre les alteracions musicals.**

   a) Dibuixa les alteracions següents i digues per a què serveixen:

   - Sostingut
   - Bemoll
   - Becaire

   b) Escriu un sostingut en tots els *fa* i un bemoll en tots els *re*. Recorda que les alteracions es col·loquen a l'esquerra de la nota, a la mateixa altura.

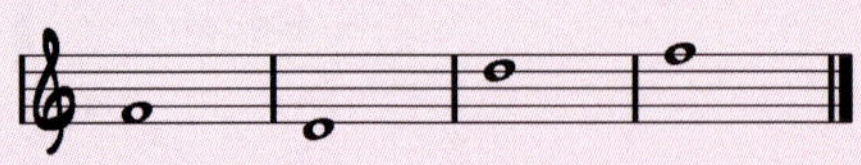

   c) En les parelles de sons següents, digues quin és més greu.

4. **Contesta les preguntes següents sobre intervals musicals.**

   a) Què és un *interval?*

   b) Quina diferència hi ha entre interval melòdic i harmònic?

   c) Escriu un interval melòdic i un interval harmònic a partir de la nota *mi*.

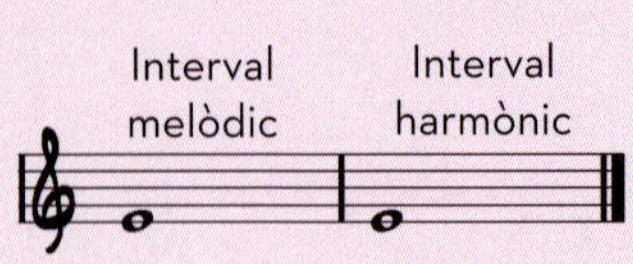

5. Anomena els intervals següents:

6. Fes els intervals següents des de la nota donada:

2a asc. 3a desc. 4a asc. 5a desc. 6a asc. 7a desc. 8a asc.

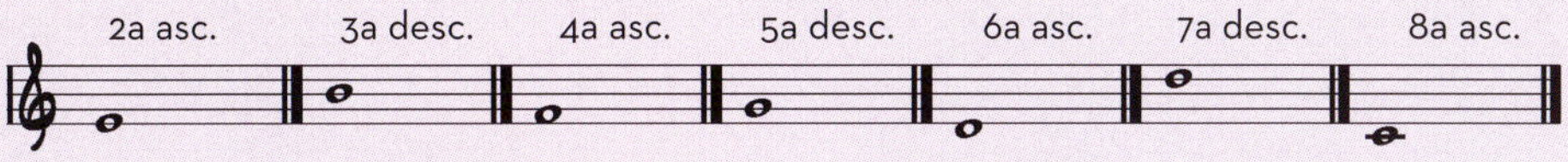

7. Intenta explicar amb les teues pròpies paraules els conceptes de *consonància* i *dissonància*.

8. Demostra què has aprés sobre els acords musicals.

a) Què és un *acord*?

b) Podries tocar un d'acord amb la flauta? Per què? I amb una guitarra?

c) Dividiu la classe en tres grups. Cada un tocarà amb la flauta la nota de l'acord que li corresponga.

	Grup 1	Grup 2	Grup 3
Primer acord			
Segon acord			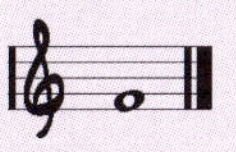

- Quin dels acords que heu tocat us fa sensació de relaxació i quin, de tensió?
- Tenint en compte això, quin és consonant i quin és dissonant?

9. Reconeixes les melodies següents?

a) 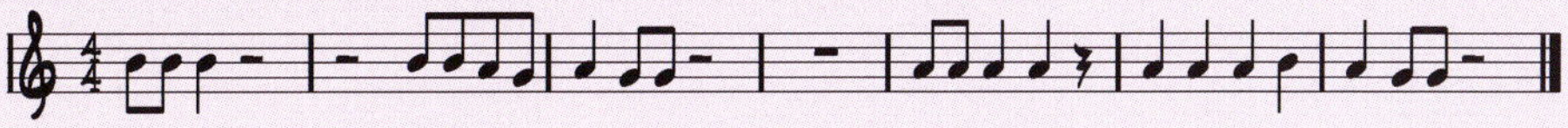

b) 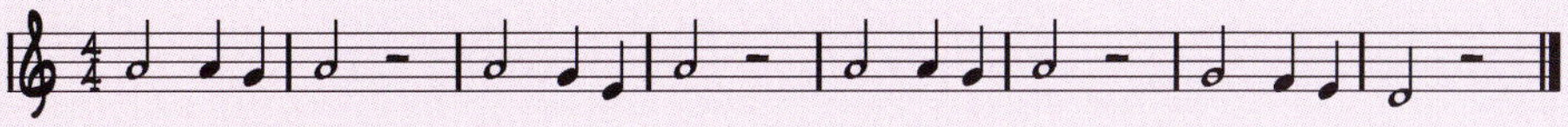

10. La melodia fragmentada.

A continuació hi ha, desordenats, uns quants fragments d'una melodia molt coneguda que s'ha mostrat al llarg del tema. Interpreta'n amb la flauta cada un. Series capaç d'ordenar els trossos i endevinar de quina melodia es tracta?

a) 

b) 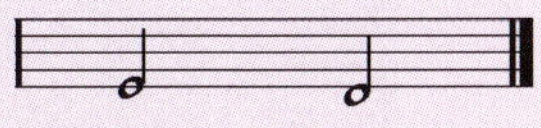

c) 

d) 

4 LA VEU

«El cant és la veu humana expressant-se per mitjà de la música i amb la música, aquest instrument meravellós i delicat que no podem veure, perquè el portem dins, subjecte a les nostres alegries, emocions i tristeses; els diferents estats físics, les inclemències del temps, en fi, tot allò que d'una manera o d'una altra ens afecta» (Isabela Marí).

Des dels temps més remots, l'ésser humà ha utilitzat la veu com a mitjà d'expressió i comunicació. La veu és l'instrument més antic que hi ha. Al llarg d'aquesta unitat coneixeràs com funciona i les grans possibilitats musicals que té.

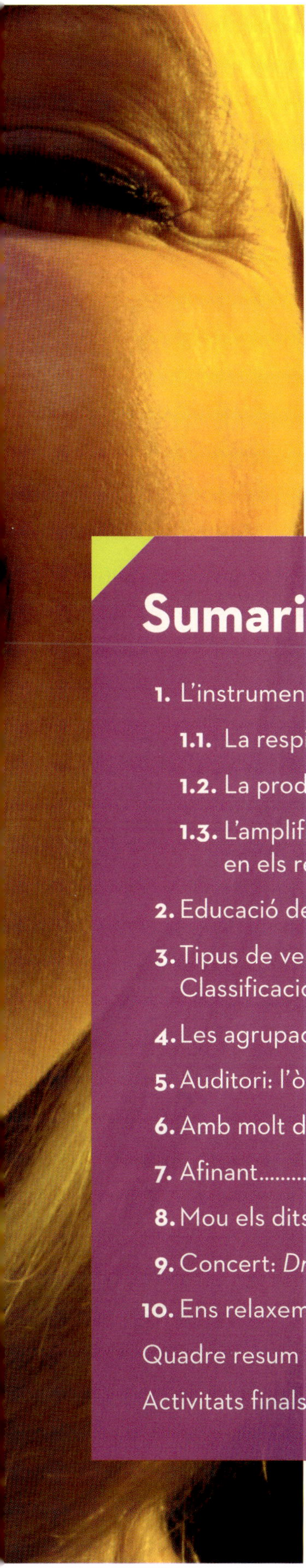

Sumari

Un CD

Coloratura, manual sonoro de las voces de ópera **(DECCA MUSIC LC 00171).**

Edició musical ben interessant en dos CD, que il·lustra els diferents tipus de veus masculines i femenines amb una selecció ben àmplia d'exemples d'òperes i d'altres obres vocals. S'hi inclouen també exemples de contratenors.

Una pel·lícula

Los chicos del coro (Les choristes). **2004**

Història senzilla i entranyable que gira al voltant de la infància, la música i l'ensenyament; la deliciosa banda sonora de la pel·lícula va estar nominada a l'Oscar. Ambientada en un internat de menors, aquest film mostra com la màgia de la música i del cant va transformant la vida dels protagonistes.

Una web

www.mundobso.com

Web dedicada a les bandes sonores i als compositors d'aquestes peces. Inclou informació interessant sobre la música en les pel·lícules, biografies, filmografies, premis, etc.

1 L'instrument vocal

Potser mai no t'has parat a pensar que totes les persones tenim un instrument musical en l'organisme, que, a més a més, és el més antic que hi ha al món; ens referim a la veu.

De la mateixa manera que un violinista ha de conéixer perfectament el funcionament del violí per a poder interpretar-hi música, és important que coneguem com funciona la veu per a poder cantar i, fins i tot, parlar correctament.

De la mateixa manera que anomenem aparell digestiu les parts del cos responsables de dur a terme la digestió dels aliments, anomenem **aparell fonador** les parts de l'organisme la funció de les quals és produir la veu.

Podem parlar de tres processos o fases: respiració, producció del so i amplificació del so en els ressonadors.

1.1. La respiració

La condició imprescindible perquè es produïsca la veu és que hi haja un flux adequat d'aire.

Entre els pulmons i l'aparell digestiu hi ha un múscul denominat **diafragma** (Figura 4.1), la intervenció del qual és fonamental en el procés del cant, ja que actua com una mena de manxa en expulsar l'aire.

És semblant a l'efecte de desunflar un flotador pressionant-lo; l'aire n'ix amb molta més força i podem fer que continue eixint-ne de manera contínua encara que en quede poc dins. Observa-ho en la il·lustració següent.

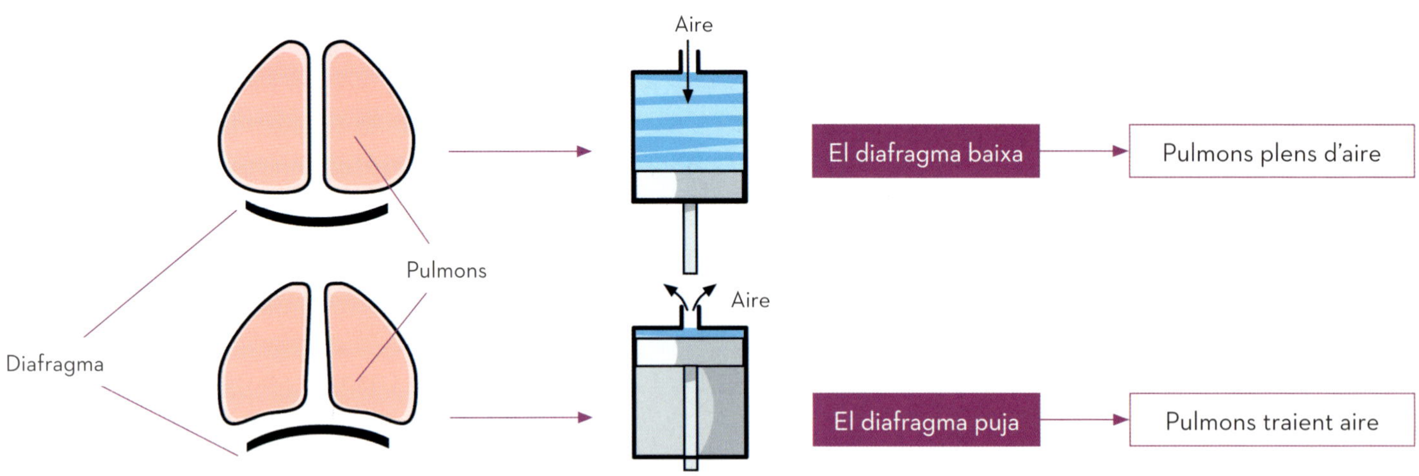

Figura 4.1.
El diafragma empeny la part inferior dels pulmons i fa que l'aire expulsat n'isca amb més pressió i continuïtat.

Les persones que utilitzen la veu, siga per a cantar o per a parlar en públic, han de dominar la respiració. Una bona respiració permet que l'aire que entra en el cos n'isca convertit en so sense perjudicar cap òrgan implicat en el procés.

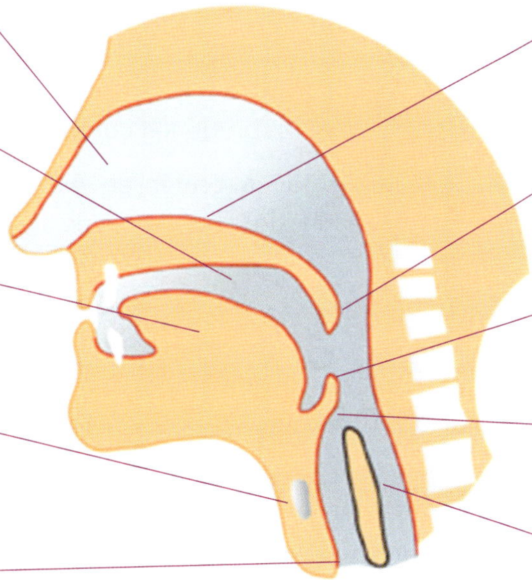

Figura 4.2.
Part superior del sistema respiratori.

ACTIVITATS

1. **Agafa tot l'aire que pugues com més ràpidament millor. Has notat que s'eleven els muscles i s'ompli, sobretot, la part superior dels pulmons?**
2. **Buida completament els pulmons. Agafa ara l'aire lentament amb la mà sobre l'estómac i intenta que aquest aire òmpliga la part inferior dels pulmons de manera que l'estómac et faça empényer la mà cap a fora.**

• La respiració completa

Com deus haver observat en l'activitat anterior, quan agafem aire, tenim tendència a omplir només la part superior dels pulmons, i la resta queda desaprofitada. En el cant, s'ha d'intentar omplir tot l'espai pulmonar; primer de tot, la part inferior i, després, la superior.

És el que s'anomena *respiració completa*, i practicar-la és fonamental per a cantar bé i, a més, beneficiosa a la salut. Això no vol dir que cal omplir sempre els pulmons al màxim, ja que, de vegades, no cal tant d'aire.

SAPS QUE...

El xanglot està causat per una contracció sobtada del diafragma que provoca que l'aire entre molt ràpidament i les cordes vocals es tanquen, fet que produeix aqueix so tan peculiar.

1.2. La producció del so

Imaginem una guitarra. El so es produeix quan una força (en aquest cas el dit del guitarrista) en fa vibrar les cordes.

Amb la veu ocorre el mateix; el flux d'aire que flueix des dels pulmons impulsat pel diafragma passa per la laringe, on hi ha dos petits tendons anomenats **cordes vocals** (Figura 4.3), que es tesen i vibren en passar l'aire, i produeixen so.

De la mateixa manera que la guitarra sona més bé amb unes cordes noves i de qualitat, la nostra veu dependrà de l'estat de les cordes vocals.

Accions com ara fumar, dormir poc o cridar en excés poden deteriorar-ne l'estat, i pensa que, a diferència del que fem amb la guitarra, no podem canviar- les.

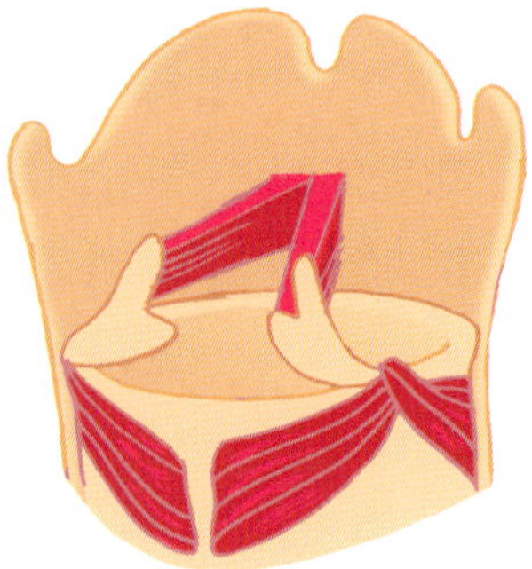

Figura 4.3.
Cordes vocals.

1.3. L'amplificació del so en els ressonadors

Hem comparat la vibració de les cordes vocals amb la de les cordes d'una guitarra. Si aquest instrument no tinguera una gran caixa de ressonància, el so de la corda seria molt feble i sense qualitat tímbrica. Amb la veu ocorre el mateix; el so tènue produït en les cordes vocals s'amplifica en els ressonadors del cos (Figura 4.4), que són fonamentalment els facials (forats ossis que hi ha en la cara i en el cap) i els del pit (forats de la cavitat toràcica).

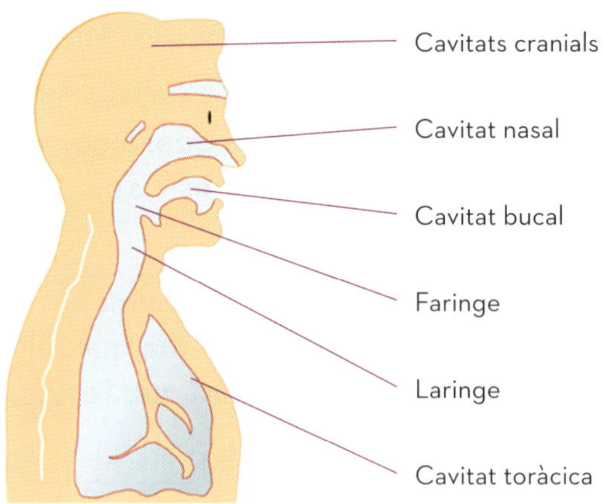

Figura 4.4.
Els ressonadors són fonamentals perquè la veu tinga qualitat tímbrica i potència sonora.

CURIOSITATS

Potència sense endolls

Si has anat al teatre o a una òpera, deus haver observat que, la majoria de les vegades, s'hi sent els actors i els cantants perfectament, sense necessitat de micròfons ni de cap mena d'amplificador.

Això no és màgia, sinó que es deu al fet que aquestes persones saben usar perfectament els ressonadors del seu cos per a amplificar la veu de manera natural.

ACTIVITATS

3. **Posa't una mà damunt del front i l'altra en el pit. Canta ara un so agut i, després, un altre de greu. Què notes en cada una de les mans?**

   Observa que, quan cantes la nota aguda, sents més vibració en la mà que està damunt del front i, quan cantes la greu, la vibració es trasllada més al pit.

   Això es deu al fet que en les notes més agudes intervenen més els ressonadors del cap i, en les més greus, els de l'esquelet ossi del pit.

2 Educació de la veu

Penses que el cantant naix o es fa? De vegades sentim comentaris, com ara «jo no tinc veu per a cantar» o «des de menut que tenia una veu prodigiosa», que ens fan pensar que, de veu, o se'n té o no se'n té. Això no és sempre així, ja que per mitjà de l'educació vocal es pot fer que una veu mediocre arribe a ser de bastant qualitat.

Però educar la veu té una dificultat afegida, i és que, a diferència d'ensenyar a tocar un instrument musical, l'instrument vocal no es pot veure, i això dificulta la tasca del professor. L'educació vocal requereix, per tant, temps i dedicació.

Quan una persona decideix educar la veu, la primera cosa que fa el professor de cant és comprovar la situació i les possibilitats que té la persona.

Per a fer-ho, el primer pas consisteix a determinar la tessitura de la veu, això és, el conjunt de notes en què aquesta veu pot emetre sons sense dificultat i amb una certa qualitat tímbrica.

ACTIVITATS

4. **Comprova la tessitura de la teua veu.**
   - A partir de la nota *do* central d'un piano vés cantant l'escala cap amunt (de greu a agut) i apunta la primera nota a què et coste arribar amb comoditat i claredat.
   - Fes la mateixa operació, però ara baixant des del *do* cap a les notes greus *(do, si, la)*.

L'àmbit de notes comprés entre les dues que has apuntat és la teua **tessitura** actual de veu. El més normal és que siga bastant reduïda, però no et desanimes, perquè aquesta tessitura pot anar creixent si practiques exercicis com els que estàs fent en l'apartat *Afinant* d'aquest llibre.

La música culta o clàssica i, especialment, els gèneres com l'*òpera*, la *sarsuela*, etc., requereixen veus molt potents i amb una tessitura ben àmplia que utilitzen al màxim les capacitats de l'aparell fonador i, sobretot, dels ressonadors. Es diu que són veus molt impostades.

Però aquestes veus no sempre s'adapten bé estilísticament a uns altres gèneres, com ara el *pop* o el *jazz*, en què es fa servir un tipus de veu més natural o, de vegades, es busquen timbres molt característics.

WEB DE RECURSOS

En la web trobaràs més informació i dades sobre la tessitura.

Figura 4.5.
Ana Torroja. Vocalista del famós grup dels anys huitanta **Mecano.**

Figura 4.6.
Montserrat Caballé. Una de les grans veus de l'òpera.

ATENCIÓ

A partir d'ara utilitzaràs el CD2.

ACTIVITATS

5. **Escolta dos fragments de la famosa cançó *Hijo de la Luna*, del grup Mecano (Figura 4.5), en versió original i en una altra versió de Montserrat Caballé (Figura 4.6). Són veus impostades o naturals? Quina versió t'agrada més? Per què?**

3 Tipus de veu. Classificació de la veu

Tradicionalment, les veus s'han classificat d'acord amb la tessitura. Aquestes classificacions van començar a definir-se en el Renaixement, i s'han aplicat, sobretot, a l'àmbit de la música culta, a gèneres vocals com l'*òpera* i la *sarsuela*.

Classificar bé una veu és important, perquè, si es fa cantar una persona en tessitures no adequades, pot fer-se malbé les cordes vocals de manera irreversible.

La classificació més simple i habitual és en dos grups, homes i dones, i, dins de cada un, una subdivisió d'acord amb la seua tessitura més greu o més aguda. Observa-ho en el quadre següent:

Veus masculines		Veus femenines
Tenors	Agut	Sopranos
Barítons		*Mezzosopranos*
Baixos	Greu	Contralts

Les veus dels xiquets es denominen *veus blanques* i tenen una tessitura semblant a la de les dones. En l'adolescència es produeix el fenomen del *mudament de la veu*.

Les cordes vocals s'allarguen més en els xiquets que en les xiquetes i la veu es fa una octava més greu en els homes, i entre dos i tres tons, en les dones.

SAPS QUE...

Ja en el segle I, el cèlebre orador Quintilià, en la seua obra *Institucions oratòries*, classificava la veu per la quantitat (gran, mitjana, menuda) i per la qualitat (clara, ombriva, dolça, sonora, etc.).

WEB DE RECURSOS

En la web pots ampliar la informació sobre els *castrati*.

SAPS QUE...

En el segle XVI va sorgir una pràctica que ara ens pot semblar una aberració i que consistia a castrar els xiquets abans que mudaren la veu, perquè d'aquesta manera conservaven d'adults la seua veu infantil.

ACTIVITATS

6. Escolta la veu més aguda i més greu de dones i homes en l'ordre següent:

Soprano – Contralt   Tenor – Baix

Alguns homes aconsegueixen cantar amb la tessitura d'una dona utilitzant el registre *sobreagut* de la veu (allò que s'anomena comunament *falset*), que han reforçat especialment. Aquest tipus de cantants se'ls anomena **contratenors.**

En la música pop i en el *heavy metal* molts cantants també utilitzen aquest falset per a obtenir efectes vocals, encara que no són considerats contratenors, denominació que s'aplica més als cantants de música culta.

L'afinació és un altre aspecte que cal cuidar molt a l'hora de cantar. Una classificació incorrecta d'una veu pot fer que el cantant estiga forçat en certes notes i les desafine.

Altres vegades, hi ha veus molt potents i de molta qualitat, però la falta d'oïda del cantant impedeix que puga fer un bon ús de la seua capacitat vocal.

De segur que ho has experimentat alguna vegada escoltant algú cantar en un karaoke amb bona veu, però desafinant moltíssim.

CURIOSITATS

Un bon aniversari..., però desafinat.

T'has adonat que, quan la gent canta *Aniversari feliç*, sol desafinar bastant? Saps per què? Es tracta d'un problema de tessitura.

Aquesta cançó puja molt en la segona part, i si es comença a cantar molt aguda, les notes que vénen tot seguit queden fora de la tessitura de moltes persones i, per això, les desafinen.

ACTIVITATS

7. **Canta la cançó *Aniversari feliç* des dels diferents tons que et vaja indicant el professor per a comprovar el que hem comentat sobre aquesta cançó.**

8. **Veus per sempre.**

   A continuació tens el nom i la fotografia de tres veus molt especials que ja formen part de la història de la música perquè van tenir timbres i capacitats molt singulars. Investiga i relaciona cada foto amb un estil musical i amb cada fragment de l'audició.

WEB DE RECURSOS

Si vols aprendre a tocar la cançó *Aniversari feliç*, pots veure'n la partitura en la web.

Figura 4.7.
Camarón de la Isla.

Figura 4.8.
Ella Fitzgerald.

Figura 4.9.
Maria Callas.

4 Les agrupacions vocals

Com hem vist en la Unitat 3, els instrumentistes formen agrupacions diverses per a interpretar la música. Amb les veus ocorre igualment. La formació vocal més característica és el cor. És possible que hages viscut l'experiència de cantar en algun en el teu institut o ciutat. Els cors varien quant al nombre de components. Els de poques veus se'ls anomena *cors de cambra*. El cor format per veus d'homes i de dones es denomina *cor mixt* i és el tipus de formació més abundant.

Normalment, els cantants s'agrupen en quatre grups depenent de la tessitura. Aquests grups se'ls denomina *cordes*. Així, en les dones hi ha les cordes de *sopranos* i de *contralts* i en els homes les de *tenors* i les de *baixos*.

La col·locació dels cantants varia depenent de la decisió del director i, de vegades, està condicionada per l'escenari i per l'acústica del lloc on s'ha de cantar. Una de les més utilitzades és la següent:

Figura 4.10.
Cor Discantus durant una actuació.

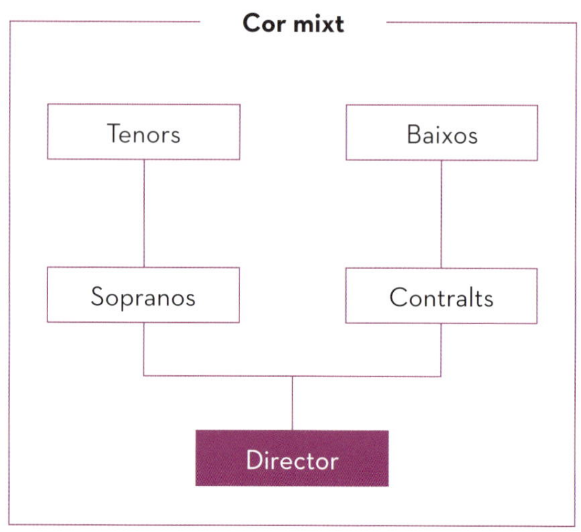

Hi ha cors formats exclusivament per homes o per dones i cors de veus blanques (veus de xiquets).

ACTIVITATS

9. Un cor és autosuficient per a cantar molts tipus de música sense necessitat d'instruments, és a dir, *a capella*. Escolta aquests dos fragments musicals:

En el primer, un famós cor anglès, **The King's Singers,** format per sis homes, canta una cançó de **The Beatles** i, fins i tot, imiten els instruments amb les veus. Observa que, encara que són homes, hi ha veus amb tessitura femenina (en aquest cas, dos contratenors).

En el segon, el cor mixt **The Swingle Singers** interpreta una melodia escocesa titulada ***Loch Lomond*** amb una «calidesa harmònica» que només poden donar les veus.

SAPS QUE...

Molts dels grans compositors de la història de la música, com ara **J. Sebastian Bach** o **Mozart,** deuen una part important de la seua formació musical al fet d'haver estat xiquets cantants en els cors de catedrals o d'esglésies.

5 Auditori: l'òpera

A. Les dades

Al voltant de l'any 1600 sorgeix un estil musical que intenta imitar el de les antigues civilitzacions grega i romana. Naix l'*òpera*.

En els segles següents, aquest gènere es va fent més important fins a convertir-se en el gènere vocal profà (no religiós) per excel·lència. Per als grans compositors, el fet de compondre una òpera serà un símbol de prestigi i una bona font d'ingressos.

Una **òpera** és una obra de teatre cantada en què cal la intervenció de moltes persones i molts recursos per a muntar-la, com l'orquestra, els solistes, el cor, els ballarins, el vestuari i els decorats, etcètera.

L'estil de l'òpera ha penetrat en altres estils musicals, com els musicals de Broadway (*Cats*, *El fantasma de l'òpera, West side story*) i, fins i tot, en el rock amb la famosa òpera rock *Jesucrist Superstar*.

Hi ha teatres d'òpera ben importants arreu del món. A Espanya en tenim dos de molt importants: el Teatre Reial a Madrid i el Liceu a Barcelona.

B. La música

Dins d'una òpera hi ha diferents parts musicals. Escolta els fragments següents que il·lustren algunes d'aquestes parts.

Obertura: és una peça orquestral (sense veus) que serveix d'introducció musical i de presentació de l'òpera. Normalment comença a interpretar-se amb el teló abaixat. Escolta un fragment de l'obertura de l'òpera *El barber de Sevilla*, de **Rossini.**

Recitatiu: són les parts que serveixen per a contar l'acció o fer-la avançar per mitjà del diàleg dels personatges. Solen tenir un acompanyament musical molt simple. En el fragment que escoltes a hores d'ara pertanyent a l'òpera *Les noces de Fígaro*, de **Mozart,** dos criats d'un comte dialoguen entre si sobre els afers amorosos de l'amo.

Ària: o cançons per a solistes en l'òpera. Les àries són, juntament amb els cors, els números que més agraden a la gent, ja que solen ser molt belles i espectaculars i els cantants protagonistes hi exhibeixen totes les seues qualitats vocals. Solen expressar sentiments (amor, patiment, felicitat) dels personatges. Ara escoltes l'ària *O mio bambino caro* pertanyent a l'òpera *Gianni Schicchi*, del compositor **Giacomo Puccini.**

Cors: molts dels personatges que es mouen per l'escenari al llarg de l'òpera s'uneixen en un cant comú en unes parts determinades. Solen ser molt bells i emotius i molts s'han fet ben famosos, com aquest que ara escoltes, la música del qual de segur que coneixes, titulat *Va pensiero* i pertanyent a l'òpera *Nabucco*, de **Verdi.**

SAPS QUE...

En el segle XVII va sorgir a Espanya un gènere escenico-musical, amb característiques semblants a l'òpera, denominat sarsuela. Tot i que, si bé l'òpera és totalment cantada, en la sarsuela s'alternen escenes cantades amb passatges parlats. En la web de recursos pots veure un fragment de *La Dolores*.

WEB DE RECURSOS

En la web de recursos pots veure una escena del musical *Cats*, i també un muntatge en què es poden observar les diferents parts de l'òpera que s'expliquen en l'apartat.

6 Amb molt de ritme

En aquesta lliçó treballaràs les *semicorxeres:*

Interpreta els exercicis següents amb les mans sobre els genolls, alternant la mà dreta i l'esquerra. Després, interpreta'ls amb l'audició del CD.

Exercici 1

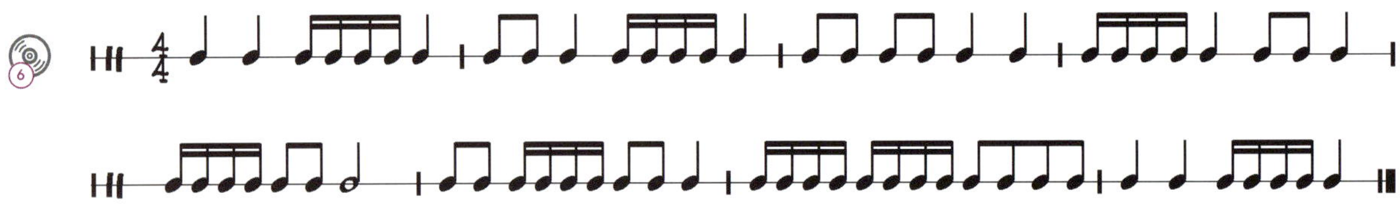

Exercici 2

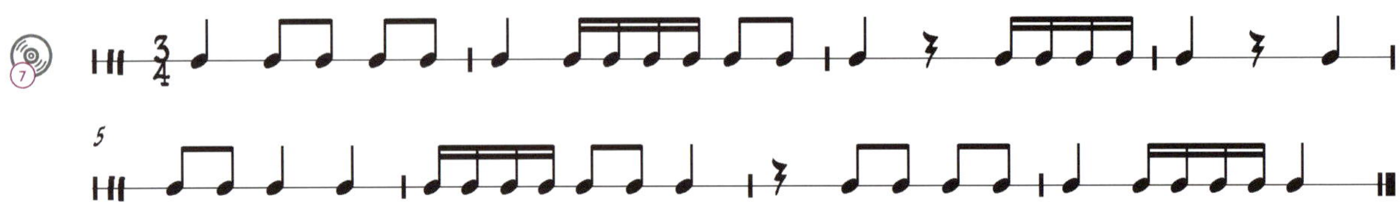

Practica aquesta polirítmia a dues mans:

Exercici 3

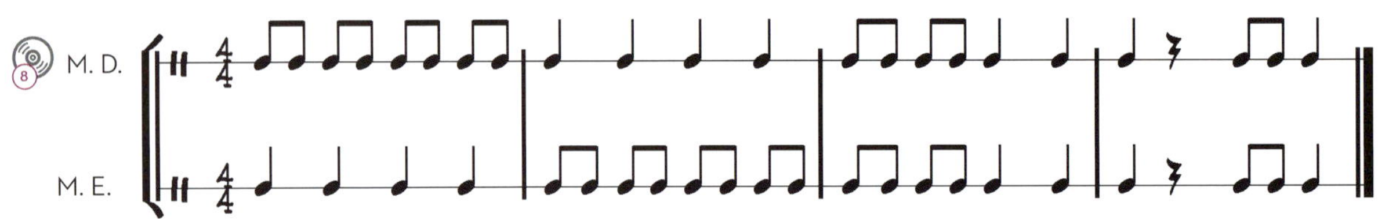

En la unitat anterior hem explicat com es representaven els instruments de la bateria en el pentagrama. Ara ens transformarem el cos en una bateria; a cada instrument li assignarem una part del cos: així, el *bombo* serà el peu dret, a la *caixa* li correspondrà la mà esquerra (sobre la cuixa), i el *plateret* serà la mà dreta.

Tenint en compte això, practica els següents patrons de bateria amb percussió corporal. Després, toca'ls sobre l'audició.

Exercici 4

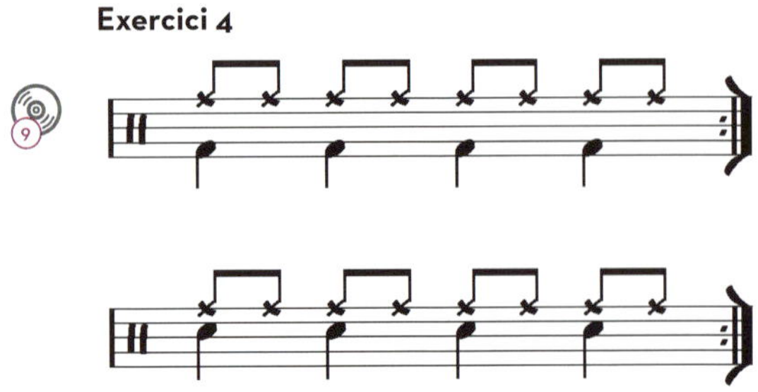

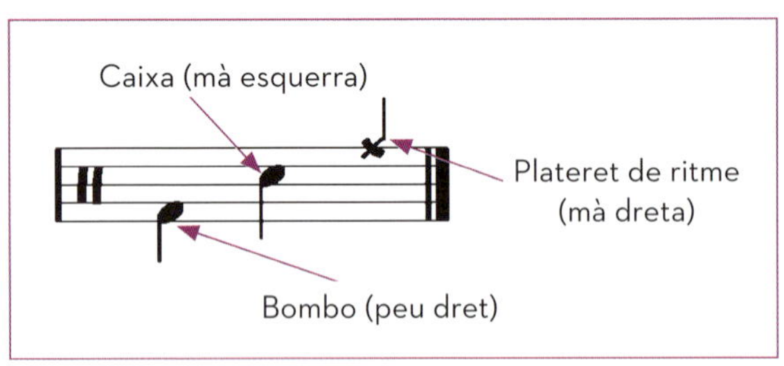

7 Afinant

A. Educa la veu

En aquest exercici combinarem el treball d'ampliació de la tessitura tractat en la Unitat 2 amb el treball dels salts melòdics que hem tractat en la Unitat 3.

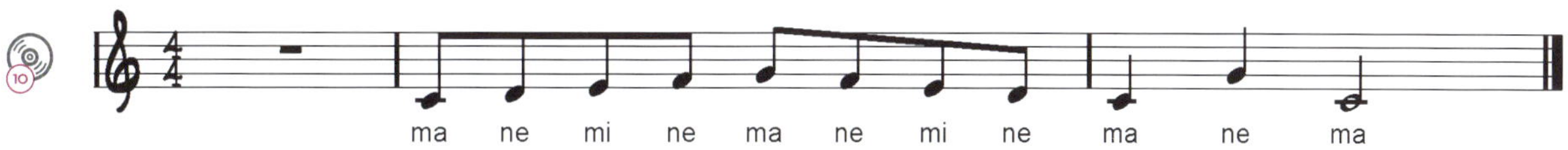

B. Lectura musical

Afegirem les notes *la* i *si* greus a les ja treballades. Observa que la nota *la* requereix una altra línia addicional per davall del pentagrama. Marca una pulsació i vés dient (sense entonar) el nom de les notes:

En la peça següent has d'entonar totes les notes que acabes de treballar en l'exercici de lectura musical. A més, et proposem un repte senzill: que cantes la repetició de la peça a un *tempo* més ràpid, fet que requereix més destresa a l'hora d'afinar i dir el nom correcte de cada nota. Ànim!

C. Exercici interpretatiu

SAPS QUE...

Les vocals **e, i** faciliten més la col·locació correcta de les notes agudes.

Figura 4.11.

Algunes persones de certes cultures són capaces de cantar més de dues notes simultàniament. Aquest cant es denomina *cant harmònic*.

8 Mou els dits

Amb allò que hem practicat en les unitats anteriors, ja podem conéixer notes noves i les posicions corresponents. Conéixer aquestes notes i practicar-les ens permetrà interpretar melodies més complexes. Ara és el moment d'establir contacte amb el *do agut* i amb el *re agut*.

Tot seguit, practica els exercicis següents. En els acompanyaments del nostre CD tenim:

Figura 4.12.
Sitar. Instrument araboindi.

Figura 4.13.
Bansuri. Flauta tradicional hindú.

- Acompanyament *Exercicis 1, 2* i *3:* percussió i secció de corda fregada en l'acompanyament. Mentre que en la melodia tenim *oboé, flauta travessera* i *fagot*.
- Acompanyament *Exercicis 4, 5* i *6:* escoltaràs una ambientació musical ben curiosa de música hindú. Entre altres, escoltarem els instruments típics d'aquest país: *sitar* (Figura 4.12), *bansuri* (Figura 4.13) i *taules índies*.

Exercici 1. *Do' Re'*

Exercici 2

Exercici 3

Exercici 4

Exercici 5

Exercici 6

9 Concert

Aquesta vegada la nostra peça de concert serà *Druida*. Aquesta composició comprén diversos estils i no seria correcte englobar-la en un de sol.

Podríem dir que es tracta d'una composició melòdica, de l'estil de les BSO, en què s'inclouen elements de la música celta, amb instruments com ara l'*arpa celta* (Figura 4.14), el *bodram* i el flabiol de llanda o *tin whistle* (Figura 4.15), i, també, instruments que es fan servir en l'orquestra simfònica: *violins, violes, violoncels, contrabaixos* i *corn anglés*, que tractarem en profunditat en unitats posteriors.

Figura 4.14.

Arpa celta. Instrument de corda pinçada. Les dimensions són més menudes que les de l'arpa clàssica.

Druida

14 15

Música: José Luis Salas

Figura 4.15.

Tin whistle. Flabiol de llanda tradicional de les cultures celtes.

La **música celta** agrupa un conjunt de gèneres musicals que comprenen la música del folklore provinent de l'oest d'Europa. Actualment, també s'utilitza el terme per a la música que inclou elements rítmics i melòdics d'aquesta tradició, encara que no siga purament celta.

Entre els instruments més usats en aquesta música hi ha: *violí, gaita, acordió, whistle, bodram, arpa celta,* etc.

10 Ens relaxem amb la música

SAPS QUE...

Hi ha una disciplina anomenada **Musicoteràpia** que treballa amb la música amb la finalitat de fer que les persones es troben bé.

De segur que moltes vegades has utilitzat la música per a relaxar-te, animar-te o inspirar-te. En aquesta unitat tindràs l'oportunitat d'experimentar una relaxació guiada amb música.

Abans de començar, tingues en compte les indicacions següents:

A. La respiració

La respiració s'ha de dur a terme pel nas. Mira que siga com més relaxada i còmoda millor.

ACTIVITATS

10. Per a aprendre millor a utilitzar la respiració, fes aquest exercici: inspira pel nas mentre comptes internament 1-2 i expira pel nas alhora que comptes 1-2-3-4. Quan t'isca còmodament pots provar amb 4 temps inspirant i 8 expirant. Observa que aquest exercici t'ajuda a relaxar-te.

B. La posició

Perquè la relaxació siga més efectiva, has de posar-te dret sobre la cadira amb les cames sense creuar i les mans recolzades damunt de les cuixes. Si es disposa de prou espai i de matalafets, pots fer-la també gitat en terra, boca per amunt i deixant els braços caiguts al costat del cos amb els palmells cap amunt.

ACTIVITATS

11. Tanca els ulls i escolta atentament aquesta relaxació guiada. Al final dedica uns quants minuts a anotar en el teu Llibre de Treball com t'has sentit, i què ha inspirat en tu aquesta música.

QUADRE RESUM

L'instrument vocal

- **Aparell fonador**: Les parts del nostre organisme la funció de les quals és produir la veu.
- **Processos o fases**:
  - La **respiració** (pulmons i diafragma).
  - La **producció** del so (cordes vocals).
  - L'**amplificació** del so (ressonadors).

Educació de la veu

- Determinar la **tessitura de la veu** (conjunt de notes en què pot emetre's sons sense dificultat i amb qualitat tímbrica).
- Veus **impostades** (veus potents i amb una tessitura àmplia que utilitzen al màxim les capacitats de l'aparell fonador i dels ressonadors).

Tipus de veu. Classificació de les veus

Veus masculines	Agut → Greu	Veus femenines
Tenors	Agut	Sopranos
Barítons		*Mezzosopranos*
Baixos	Greu	Contralts

* Veus blanques (veus de xiquets).
* Contratenors (homes que canten amb la tessitura d'una dona utilitzant el registre sobreagut de la veu, que s'anomena, generalment, falset).

Agrupacions vocals

- **El cor**:
  - **Cor de cambra** (nombre reduït de veus).
  - **Cor mixt** (homes i dones).
  - **Cor de veus** blanques (només veus infantils).
  - * Cantar *a capella* (només veus, sense necessitat d'instruments).

ACTIVITATS FINALS

1. Explica en el teu Llibre de Treball els conceptes següents:

a) Respiració completa.

b) Veus impostades.

c) Ressonadors facials.

d) Contratenors.

e) Tessitura.

f) Veus blanques.

g) *A capella.*

h) Cor mixt.

2. Per què cal classificar adequadament una veu?

3. Ordena en el teu Llibre de Treball les veus següents de greu a aguda. Anomena dos tipus més de veus que no siguen aquestes.

tenor	baix	contralt
mezzosoprano	baríton	soprano

4. Dibuixa en un esquema la disposició més comuna de les veus en el cor mixt. Com les col·locaries si estigueren totes en una única fila en semicercle?

5. Imagina que estàs en l'òpera... Ompli en el teu Llibre de Treball els buits tenint en compte les parts de l'òpera de què hem parlat en l'apartat Auditori.

a) Amb el teló abaixat l'orquestra toca en la fossa. Escoltes...

b) Un jove canta una bella melodia en què es lamenta d'un amor perdut. Escoltes...

c) Un grup de pelegrins canta mentre va caminant. Escoltes...

d) Un cantant narra la situació d'un dels personatges de la història. Escoltes...

6. En la web de recursos pots veure un fragment d'una òpera molt coneguda: *La Bohème,* i també pots trobar informació sobre aquesta òpera. Després de consultar-la, respon a les preguntes següents en el teu Llibre de Treball:

a) Qui és el compositor de *La Bohème*?

b) Com es diuen els dos protagonistes principals?

c) Resumeix breument l'argument d'aquesta òpera.

7. **Investiga en Internet i classifica les veus dels següents noms de cantants famosos d'òpera.**

a) Luciano Pavarotti.

b) Ainhoa Arteta.

c) Elisabeth Schwarzkopf.

d) Teresa Berganza.

e) Plácido Domingo.

f) Hermann Prey.

g) Alfredo Kraus.

h) Kiri Te Kanawa.

i) Walter Berry.

8. **Fem de periodistes. Formeu grups de treball. Cada grup haurà d'intentar contactar amb cantants d'algun cor juvenil i obtenir una resposta a les preguntes següents:**

a) Per què t'agrada cantar en un cor?

b) Quants components té el teu cor?

c) Quantes vegades assageu?

d) Quin tipus de música canteu?

Els grups posaran en comú les respostes en l'aula. Podeu contactar amb aquests grups en algun institut de la vostra comunitat en què hi haja cor, o també, per mitjà de webs d'Internet com les que hi ha de federacions corals en diverses comunitats.

9. **Elabora en el teu Llibre de Treball un cartell senzill amb consells per a la higiene vocal. Per a fer-lo, pots buscar informació en enciclopèdies o en Internet. Recomanem utilitzar el cercador Google amb les paraules de recerca «higiene vocal».**

Després de fer aquest cartell, feu una posada en comú en l'aula sobre els hàbits que teniu habitualment i que penseu que poden estar perjudicant la vostra salut vocal.

5 ELS INSTRUMENTS MUSICALS

En unitats anteriors hem estudiat alguns dels elements bàsics de la música. Però no hem d'oblidar que necessitem «objectes» que ens permeten interpretar-la; de la mateixa manera que un pintor necessita pinzells o un escultor un cisell, els músics necessiten els instruments musicals per a produir el so.

Els instruments musicals han existit des d'edats molt remotes; els primers eren molt rudimentaris, però amb el pas del temps han anat evolucionant i perfeccionant-se, fins a adquirir l'aspecte amb què els coneixem hui en dia.

En aquesta unitat aprendràs a identificar, visualment i auditivament, els instruments musicals més importants, com produeixen el so, com es classifiquen i les agrupacions instrumentals més comunes.

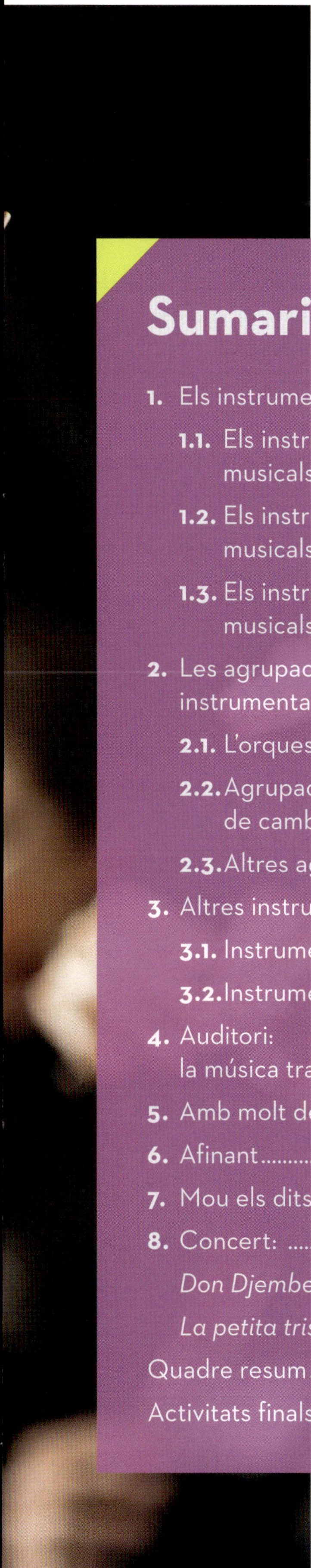

Sumari

Una web

jonde.mcu.es

Web de la **Jove Orquestra Nacional d'Espanya (JONDE).** Conté imatges, articles de premsa i enllaços amb pàgines web d'altres orquestres professionals nacionals i internacionals.

Un espectacle

Les luthiers

Grup d'humor musical que va nàixer al començament dels anys setanta i que està compost actualment per cinc músics professionals de nacionalitat argentina. Es caracteritzen per fer riure amb la música, amb un sentit de l'humor fresc, elegant i subtil. Empren instruments ben sorprenents fabricats per ells mateixos amb materials de la vida quotidiana.

Un llibre

***Artilugios e instrumentos para hacer música*, de Fernando Palacios Jorge i Leonardo Riveiro Holgado. Ed. Ópera Tres, Ediciones Musicales**

Indicacions per a la construcció d'instruments a partir de materials quotidians i molt diversos.

1 Els instruments musicals

Cada instrument musical té el seu *timbre* o *color* característic; així, un mateix fragment musical pot sonar molt distint depenent de l'instrument que l'interprete. Per això, per a un compositor és molt important conéixer-ne les *possibilitats tímbriques* i *expressives*.

Pensa, per exemple, en la música de les pel·lícules; moltes escenes romàntiques van acompanyades de música de corda; no obstant això, en les escenes de guerra és freqüent la utilització del vent de metall i la percussió.

ACTIVITATS

1. Escolta un mateix fragment musical interpretat per un *violí,* un *saxòfon* i un *xilòfon* i observa com influeix la utilització d'un instrument musical o d'un altre en el resultat final.

El timbre d'un instrument musical depén de molts factors: la manera com emet el so, el material amb què ha estat construït, la forma, les dimensions, etc. Depenent de *com produeixen el so*, els instruments musicals solen classificar-se en diferents famílies instrumentals:

- **Corda:** quan el so el produeix la vibració d'una corda tesada. Exemple: el *violí.*
- **Vent:** el so s'obté en bufar, per la vibració de l'aire en l'interior d'un tub. Es divideixen en *vent de fusta* i *vent de metall.* Exemple: la *trompeta.*
- **Percussió:** si el so s'obté colpejant o sacsant l'instrument. Exemple: el *tambor.*

Un altre tipus d'instruments són els **electrònics,** aquells en què l'electricitat participa en la sonoritat de l'instrument. Necessiten un amplificador. Exemples: la *guitarra elèctrica,* el *baix elèctric,* el *sintetitzador,* etc.

ACTIVITATS

2. Escriu en el teu Llibre de Treball una llista amb el nom de tots els instruments musicals que conegues. Tenint en compte com produeixen el so, classifica'ls en corda, vent o percussió.

A continuació, aprofundirem una mica més l'estudi de cada una de les famílies i coneixerem més bé tots aquests instruments.

1.1. Els instruments musicals de corda

Produeixen el so mitjançant la vibració de cordes tesades. Tenen, a més, una caixa de ressonància per a amplificar el so. Depenent de la manera com s'obté el so, podem distingir-ne tres tipus: *fregada, pinçada* i *percudida*.

A. Corda fregada

El so s'obté fregant-ne les cordes amb un arc. De més agut a més greu, hi ha els següents: *violí, viola, violoncel* i *contrabaix*.

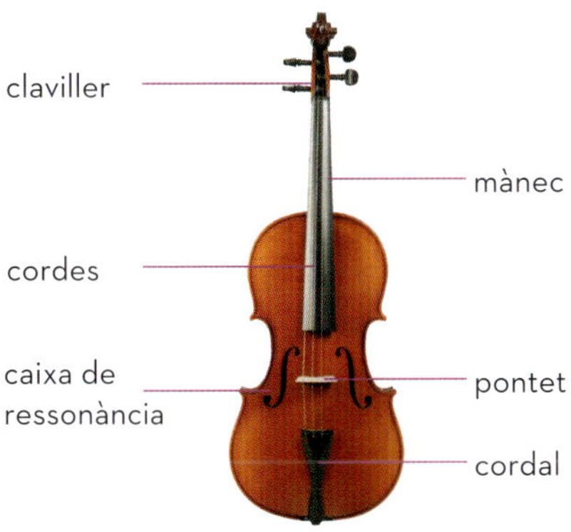

Figura 5.1.
Violí.

Figura 5.2.
Viola.

Figura 5.3.
Violoncel.

Figura 5.4.
Contrabaix.

ACTIVITATS

3. Ara escoltaràs els instruments de corda fregada, ordenats d'agut a greu: violí (Figura 5.1), viola (Figura 5.2), violoncel (Figura 5.3) i contrabaix (Figura 5.4).

B. Corda pinçada

El so s'obté tocant les cordes amb els dits o amb uns plectres. Entre els instruments d'aquest tipus tenim la *guitarra* (Figura 5.5) i l'*arpa* (Figura 5.6).

C. Corda percudida

El so s'obté percudint, colpejant, les cordes. Un exemple d'aquesta mena d'instruments és el *piano* (Figura 5.7). Quan es toquen les tecles, s'accionen uns martellets que colpegen les cordes; aquests martellets se situen en l'interior de la caixa de ressonància.

Figura 5.5.
La **guitarra** és un instrument que s'adapta a estils tan variats com la música clàssica, la popular o el flamenc.

Figura 5.6.
L'**arpa** té cordes de diferents colors perquè l'instrumentista puga localitzar-hi millor les notes.

Figura 5.7.
El primer **piano** el va construir Cristofori el 1709.
El nom original era *pianoforte*, ja que permetia tocar sons de diferents intensitats.

1.2. Els instruments musicals de vent

SAPS QUE...

En els instruments de vent l'altura del so depén de la longitud del tub; com més llarg és, més greu n'és el so.

Produeixen el so per la vibració de l'aire en l'interior del tub de l'instrument. Es poden classificar en *vent de fusta* i *vent de metall*. Aquesta classificació pot ser una mica confusa perquè, actualment, alguns dels instruments de la família de vent de fusta es construeixen en metall (per exemple, la *flauta travessera* i el *saxòfon*). En realitat, allò que determinarà el tipus de so és la classe d'*embocadura* (Figura 5.8) que tinga l'instrument.

A. Vent de fusta

Podem diferenciar tres tipus d'instruments, segons l'embocadura:

- **Bisell:** la vibració de l'aire es produeix en xocar amb un bisell (cantell esmolat), com ocorre en la *flauta dolça* (Figura 5.9) i en la *flauta travessera* (Figura 5.10).
- **Llengüeta senzilla:** el so es produeix per la vibració de l'aire en xocar amb una canya o làmina de fusta que hi ha en l'embocadura de l'instrument. Exemple: el *clarinet* (Figura 5.11) i el *saxòfon* (Figura 5.12).
- **Llengüeta doble:** el so es produeix per la vibració de dues canyes de fusta que xoquen entre si. Tenen aquest tipus d'embocadura l'*oboé* (Figura 5.13) i el *fagot* (Figura 5.14).

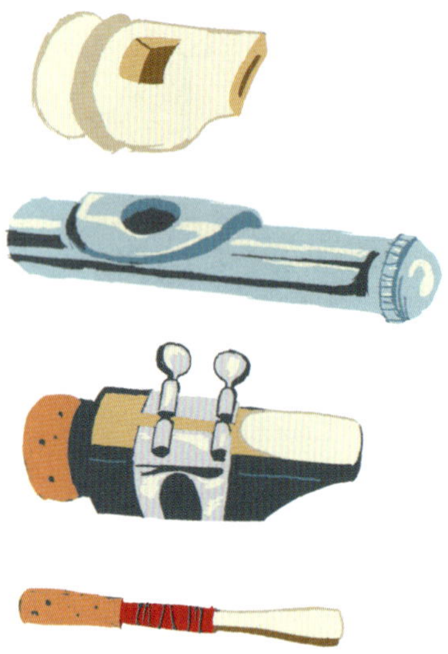

Figura 5.8.
Els tres tipus d'embocadures.

ACTIVITATS

18

4. Escolta com sonen els instruments de vent de fusta següents: flauta travessera, oboé, clarinet, saxòfon i fagot.

Bisell

Figura 5.9.
La **flauta** que utilitzes per a tocar en l'aula és un model de plàstic de la flauta dolça o de bec.

Figura 5.10.
Flauta travessera.

Llengüeta senzilla

Figura 5.11.
Clarinet.

Figura 5.12.
Saxòfon.

Llengüeta doble

Figura 5.13.
Oboé.

Figura 5.14.
Fagot.

B. Vent de metall

Estan fabricats amb aliatges de metall. El tub de l'instrument està plegat o enrotllat sobre si mateix perquè siga més funcional (si poguérem «desenrotllar» una *tuba*, la longitud total seria de 3,65 m).

L'altura del so depén de la pressió d'aire que exercisca l'instrumentista sobre l'embocadura i d'un sistema de vàlvules i pistons (el *trombó*, en compte de pistons, utilitza una vara mòbil).

Figura 5.15.
Trompeta.

Figura 5.16.
Trompa.

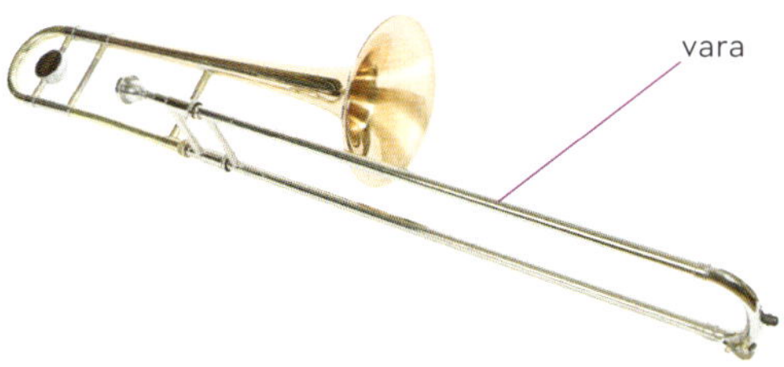

Figura 5.17.
Trombó.

Figura 5.18.
Tuba.

ACTIVITATS

5. **Escolta la següent audició d'instruments de vent de metall: trompeta (Figura 5.15), trompa (Figura 5.16), trombó (Figura 5.17) i tuba (Figura 5.18).**

C. L'orgue

L'**orgue** (Figura 5.19) és un instrument de vent, amb teclat, que consta d'un sistema de tubs de diferents longituds. Antigament, l'aire s'hi subministrava mitjançant manxes mogudes a mà, que han estat substituïdes per una bomba elèctrica. Té una gran varietat tímbrica.

CURIOSITATS

La **sordina** és una peça que s'introdueix en la campana de l'instrument de vent de metall i en modifica el so.

WEB DE RECURSOS

En la web pots trobar més informació sobre els instruments de vent de fusta i de vent de metall.

Figura 5.19.
L'orgue.

1.3. Els instruments musicals de percussió

WEB DE RECURSOS

En la web pots obtenir més informació sobre els instruments de percussió.

Aquests instruments produeixen el so en ser colpejats (com el *tambor*), entrexocats (els *platerets*), sacsats (per exemple, les *maraques)* o raspats (com el *güiro)*. Podem dividir-los en dos grups:

- *Percussió d'altura determinada* (PAD): poden produir una altura de so concreta; és a dir, notes. Pertanyen a aquest grup: *timbales simfòniques* (Figura 5.20), *xilòfon, carilló, campanes tubulars* (Figura 5.21), *marimba* (Figura 5.22), etc.

Figura 5.20.
Timbala simfònica.

Figura 5.21.
Campanes tubulars.

Figura 5.22.
Marimba.

- *Percussió d'altura indeterminada* (PAI): no produeixen altures concretes. Per exemple: *bombo* (Figura 5.23), *caixa* (Figura 5.24), *platerets* (Figura 5.25). En altres estils són habituals els instruments com els bongos, les maraques, els bastons de percussió, etc.

Figura 5.23.
Bombo.

Figura 5.24.
Caixa.

Figura 5.25.
Platerets.

ACTIVITATS

20

6. Escolta l'audició i intenta esbrinar quins instruments de percussió sonen. Digues també si són PAD o PAI. Sabries dir quin no és característic de l'orquestra simfònica?

2 Les agrupacions instrumentals

2.1. L'orquestra simfònica

És l'agrupació musical amb un nombre més gran d'instrumentistes. En els orígens estava composta per instruments de corda i alguns de vent de fusta i de vent de metall. Amb el pas del temps, va anar augmentant quant a quantitat i varietat, i s'hi va incorporar també els instruments de percussió.

La col·locació dels instruments en l'escenari té com a objectiu aconseguir l'equilibri tímbric i sonor. Els instruments estan agrupats per famílies, els més potents se situen més allunyats del públic; a més, es busca el contrast entre els instruments aguts (a l'esquerra) i els greus (a la dreta).

SAPS QUE...

El terme **orquestra** té l'origen en la paraula grega *orchestra*, que designava el lloc del teatre on se situaven els músics.

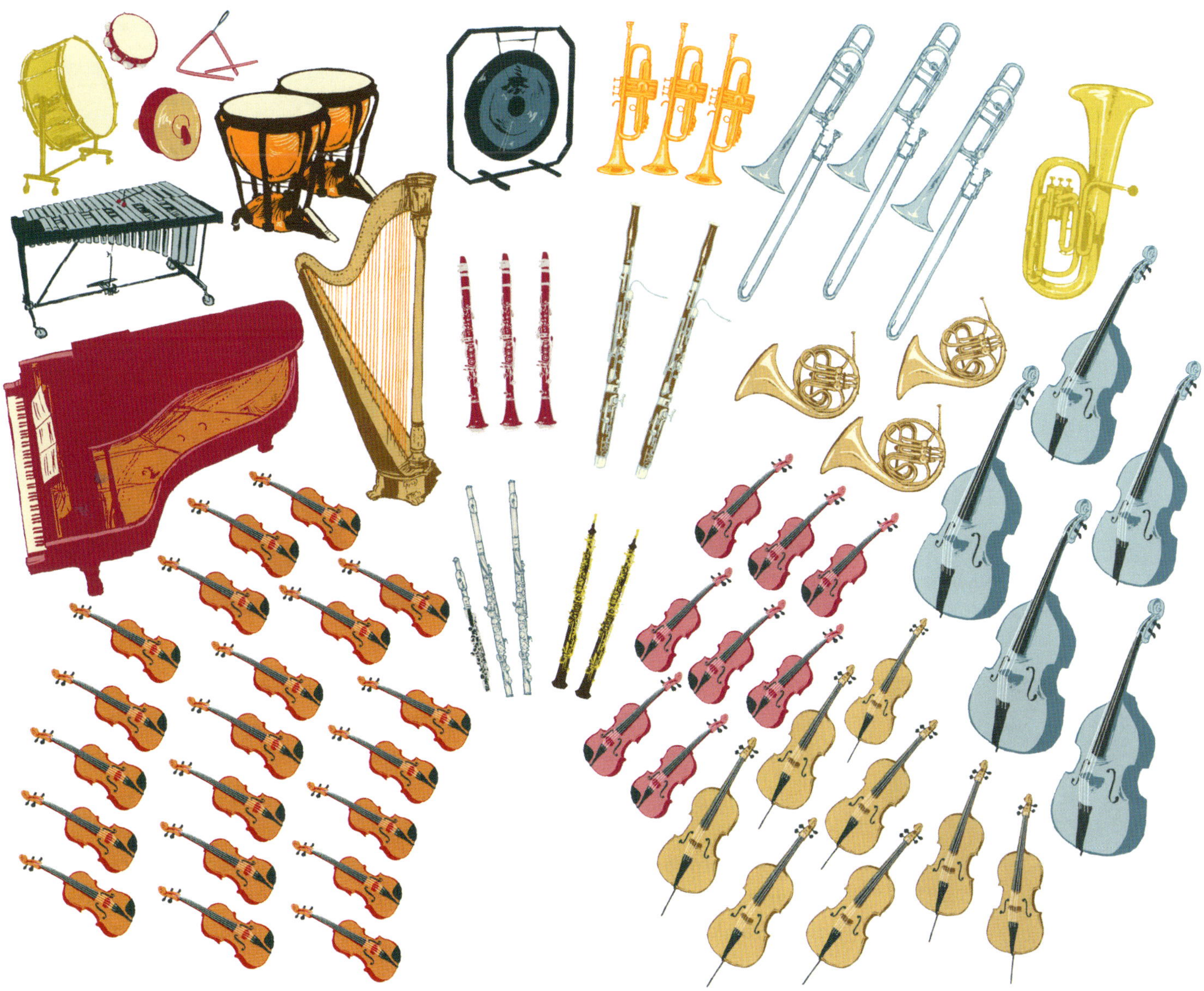

Figura 5.26.
L'orquestra simfònica és l'agrupació musical per excel·lència de la música culta occidental.

SAPS QUE...

En l'actualitat, el primer violinista es denomina concertino i és la persona que substitueix el director quan no hi és. Entre les seues funcions hi ha la de tocar la nota *la* amb el seu instrument, abans de començar un concert, perquè tota l'orquestra afine aquesta nota.

Els instruments que formen part de l'orquestra, agrupats per seccions, són els següents:

- **Corda:** secció formada per *violins, violes, violoncels* i *contrabaixos*. De vegades s'hi situen, com a solistes, altres instruments de corda, com el *piano*, l'*arpa* o la *guitarra*.
- **Vent de fusta:** formada per *flautes travesseres, oboés, clarinets* i *fagots*.
- **Vent de metall:** amb *trompetes, trompes, trombons* i *tubes*.
- **Percussió:** secció formada per, entre altres, *timbales, xilòfon, campanes tubulars, bombo, platerets,* etc.

Des que l'orquestra es va consolidar a les acaballes del segle XVIII i el començament del segle XVIII, ha anat adquirint dimensions cada vegada més grans.

Figura 5.27.
Orquestra simfònica.

Figura 5.28.
Leonard Bernstein, director d'orquestra molt important.

És molt important la figura del **director d'orquestra,** que s'encarrega de coordinar i de dirigir tots els instrumentistes. Ell té en el cap com ha de sonar la partitura, i ha d'aconseguir que el seu instrument, l'orquestra, la interprete així.

Per això, un director d'orquestra ha de tenir una cultura musical ben àmplia i conéixer les possibilitats tècniques i expressives de cada instrument. La seua missió és, també, la de controlar l'afinació del conjunt, donar l'entrada als instruments, marcar el temps, indicar el caràcter de la música, etc. En la mà dreta sol portar la *batuta* i amb la mà esquerra indica els matisos i l'expressió de l'obra.

Entre alguns dels grans directors del segle XX, podem destacar Herbert von Karajan, Leonard Bernstein (Figura 5.28), Claudio Abbado o Daniel Baremboim.

2.2. Agrupacions de música de cambra

Es denomina d'aquesta manera diversos tipus d'agrupacions d'instruments més menuts, amb un nombre d'instrumentistes més reduït. Reben el nom depenent del nombre d'instruments que en formen part: *duo, trio, quartet* (Figura 5.29), *quintet, orquestra de cambra,* etcètera.

Per la gran importància que té en el desenvolupament de la història de la música, cal destacar el *quartet de corda,* format per dos violins, una viola i un violoncel.

Figura 5.29.
Imatge d'un quartet de corda.

2.3. Altres agrupacions

- *Banda de música:* agrupació instrumental formada per instruments de vent i de percussió.
- *Grup de rock:* està compost per *guitarra elèctrica, baix elèctric* i *bateria.* També pot haver-hi *teclats.*
- Altres: *banda de cornetes* i *tambors, rondalles, orquestra de pinçament* i *plectre, bandes militars* (Figura 5.30), etc.

Figura 5.30.
Imatge d'una banda militar de música.

3 Altres instruments

Al llarg de la unitat hem estudiat els instruments musicals més habituals; coneguem ara un altre tipus d'instruments, com els que s'utilitzen en les aules per a ensenyar la música o instruments característics d'uns països o unes cultures determinats.

3.1. Instruments escolars

La major part dels instruments que hi ha en les aules de música pertanyen a l'anomenat *instrumental Orff* (Figura 5.31). Es denominen així perquè van ser ideats pel compositor i pedagog **Carl Orff** (1895-1982) per a l'ensenyament musical. Principalment, són instruments de percussió, en què la tècnica és més senzilla que la dels instruments professionals.

a) *b)* *c)*

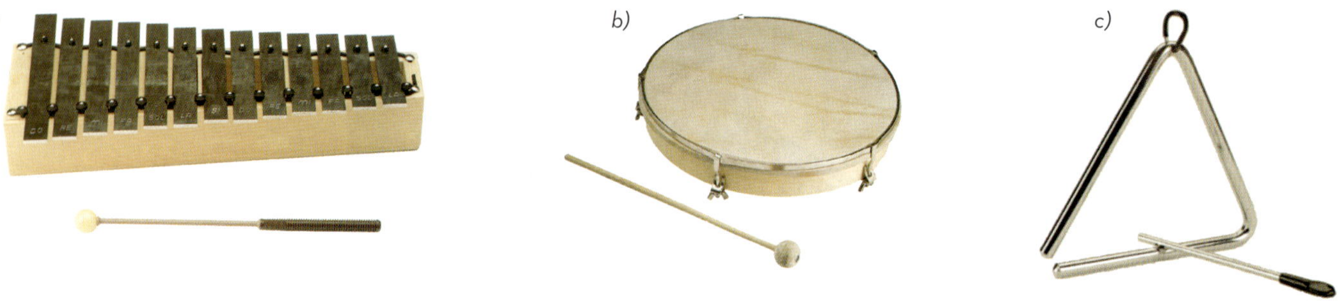

Figura 5.31.

Instruments habituals en l'aula: *a)* carilló, *b)* pandero, *c)* triangle.

3.2. Instruments del món

Es denominen d'aquesta manera els instruments que són característics d'una cultura determinada, d'un país o d'una regió (Figura 5.32). Al llarg del llibre aniràs veient informació sobre uns quants, perquè s'han utilitzat en les bases musicals que acompanyen les peces dels apartats *«Mou els dits»* o *«Concert»*. Aquests en són, només, alguns dels molts que hi ha:

a) *b)* *c)*

Figura 5.32.

Representació d'alguns instruments populars del món: *a)* trompa alpina (Suïssa), *b)* gamelan (Indonèsia), *c)* tambors d'acer (Carib).

4 Auditori: la música tradicional africana

A. Les dades

La música està present en qualsevol manifestació cultural del nostre planeta. Així i tot, podem dir que, a l'Àfrica, la música adquireix una presència més intensa si la comparem amb Europa.

En la zona que s'estén des del Sàhara cap al sud del continent la música i la dansa tenen una importància fonamental en actes tan diferents com ara funerals, casaments, ritus de preparació per a la caça, celebracions de naixements, comunicació amb els avantpassats o, fins i tot, en qualsevol moment del dia d'una manera espontània.

Una dada important és que a l'Àfrica, per a fer música, no cal escenari ni ser un músic excel·lent. Simplement, es fa música per a gaudir i per a relacionar-se socialment.

Per tant, podem dir que la música, per als africans, és una manera vital de comunicar-se. Qualsevol moment i quasi qualsevol lloc són idonis perquè molts africans es posen a cantar, tocar o ballar.

La música africana ha aportat una gran varietat d'instruments, tots elaborats de manera molt artesanal. N'hi ha que ja els coneixes, perquè s'han presentat en altres apartats del nostre llibre; no obstant això, ara completarem aquesta informació amb els següents:

- **Sansa** o **mbira:** instrument que sona quan es fa vibrar una sèrie de làmines de metall o fusta (Figura 5.33).
- **Kora:** instrument de corda en què la caixa de ressonància és una carabassa (Figura 5.34).
- **Tama:** se l'anomena *tambor parlant,* perquè el to pot ser regulat per la pressió feta en les cordes (Figura 5.35).

Figura 5.33.
La **sansa** o **mbira.**

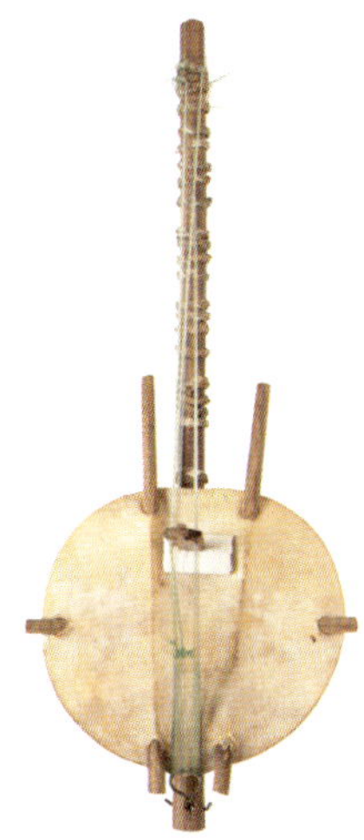

Figura 5.34.
La **kora.**

B. La música

Per al món occidental, la música africana és molt exòtica i atractiva. Escolta'n alguns dels elements més característics:

- Les riques polirítmies que executen les percussions.
- Els instruments, que són tan diferents dels utilitzats en la música europea, com la sansa que tot just escoltes.
- L'ús tan peculiar de les veus amb el seu caràcter «embruixant» i la sonoritat nasal tan característica.

Aquesta música ha influït en molts estils musicals com la música llatina i s'ha fusionat, fins i tot, amb estils tan allunyats com la música clàssica. En aquest fragment final, pots sentir la cançó *Kayama,* pertanyent al projecte musical **Adiemus,** on es mesclen veus de tipus africà amb fons musicals tocats per una orquestra clàssica.

Figura 5.35.
La **tama.**

5 Amb molt de ritme

En aquesta lliçó es mostra una nova fórmula rítmica: *negra amb punt* i *corxera.*

Recorda que el *punt* suma la meitat del seu valor a la figura que acompanya. Per tant:

Si ♩ = 1 temps, ♩. = 1 temps y 1/2 i ♩. ♪ = 2 temps

Fes els exercicis rítmics següents amb palmades o bé sobre els genolls, alternant-hi les mans. Pots utilitzar també les síl·labes rítmiques. Després, interpreta'ls amb l'audició de fons:

Exercici 1

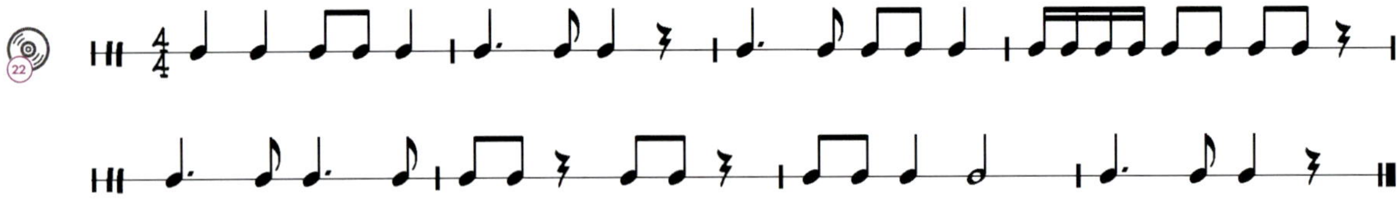

Exercici 2

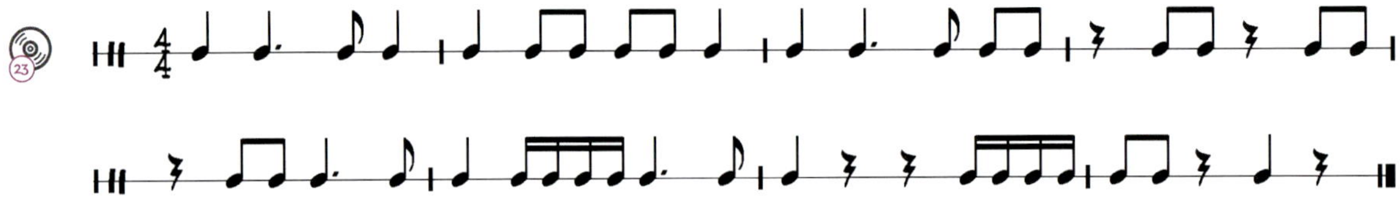

Practica aquesta polirítmia a dues mans sobre els genolls. També pots dur-la a terme amb uns *bongos:*

Exercici 3

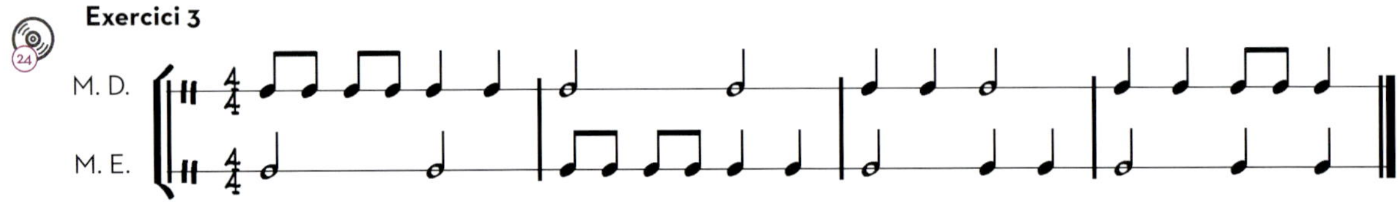

Practica els *patrons de bateria* següents amb la percussió corporal. Després, toca'ls sobre l'audició.

Exercici 4

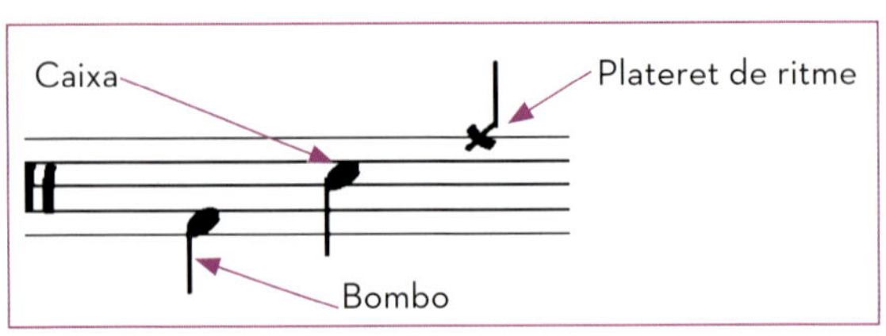

6 Afinant

A. Educa la veu

La teua veu ha d'anar guanyant tessitura, però també velocitat i flexibilitat. En aquest exercici treballarem l'agilitat vocal. Malgrat que cal cantar-lo a bastant velocitat, cuida molt l'articulació i la pronunciació de les síl·labes, i exagera una mica les consonants.

B. Lectura musical

Afegirem la nota *si* de la tercera línia a les ja treballades. Marca una pulsació i vés dient el nom de les notes. Pots fer-ho unes quantes vegades amb una pulsació més ràpida en cada repetició per a anar adquirint més desimboltura.

C. Repertori

Practica ara l'entonació de les notes que has treballat cantant aquest cànon tradicional africà que t'ha ensenyat el professor. Pots entonar-lo, primer de tot, amb el nom de les notes, per a practicar-ne la lectura, i, després, amb la lletra.

Banaha

(cànon a 3 veus)

Tradicional congolesa

7 Mou els dits

En aquesta unitat ens dedicarem a repassar allò que hem aprés en les unitats anteriors, i complicarem lleument alguns exercicis.

Entre els acompanyaments que emprarem per a fer els exercicis, podrem distingir els timbres següents:

- Acompanyament *exercicis 1, 2* i *3: bateria, baix elèctric, sintetitzador* i *ney*.
- Acompanyament *exercicis 4, 5* i *6: cors, piano* i *corn anglés* (Figura 5.36).

Interpreta els exercicis següents seguint les instruccions del teu professor.

Exercici 1

Exercici 2

Exercici 3

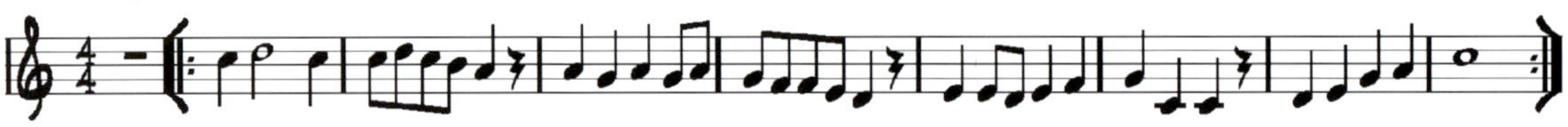

Exercici 4

Exercici 5

Exercici 6

Figura 5.36.

Corn anglés. Aquest instrument pertany a la família de l'oboé, però el so és més greu.

8 Concert

Ara interpretarem, aquesta vegada, una peça ben simpàtica titulada *Don Djembe*. Es tracta d'una composició en què, principalment, s'inclouen instruments originaris del continent africà: *djembe* (Figura 5.37), *xilòfon* (Figura 5.38) i *xequeré*.

Don Djembe

30 31

Música: José Luis Salas

Figura 5.37.
Djembe.

Figura 5.38.
Xilòfon africà o balàfon.

Et proposem ara treballar una instrumentació de classe amb els instruments de làmines i flautes. Aquesta vegada no tindrem acompanyaments gravats: treballarem de manera autònoma i cooperativa per a interpretar entre tots *La petita tristesa*.

La petita tristesa

Música: José Luis Salas

Instruments musicals

Es classifiquen en

- **Famílies**
  - **Corda**
    - Corda fregada — *Violí, viola, violoncel, contrabaix.*
    - Corda pinçada — *Arpa, guitarra.*
    - Corda percudida — *Piano.*
  - **Vent**
    - Vent de fusta
      - Bisell — *Flauta travessera.*
      - Llengüeta senzilla — *Clarinet, saxòfon.*
      - Llengüeta doble — *Oboé, fagot.*
    - Vent de metall — *Trompeta, trompa, trombó, tuba.*
  - **Percussió**
    - Altura determinada — *Timbales, metal·lòfon, carilló, xilòfon, campanes.*
    - Altura indeterminada — *Caixa, bombo, platerets, triangle, bongos, castanyoles.*
- **Agrupacions musicals**
  - **Orquestra** — Agrupació molt nombrosa d'instruments de corda, vent de fusta, vent de metall i percussió.
  - **Música de cambra** — Agrupacions més reduïdes: *duos, trios, quartets, orquestra de cambra.* **Quartet de corda:** *dos violins, viola i violoncel.*
  - **Banda de música** — Instruments de vent i de percussió.
  - **Grup de *rock*** — *Guitarra elèctrica, baix elèctric, bateria.* (Altres: *teclats*...).
- **Altres instruments**
  - **Escolars** — *Carillons, xilòfons, metal·lòfons, bastons de percussió, caixa xinesa, güiro.*
  - **Instruments del món** — *Sitar, trompa alpina, flauta, gamelan, tambors d'acer, shamisen.*

ACTIVITATS FINALS

1. Classifica els instruments següents segons corresponga: *violí, piano, arpa, contrabaix, guitarra* i *violoncel*.

- Corda fregada:
- Corda pinçada:
- Corda percudida:

2. Resol les activitats següents.

a) Classifica els instruments següents, col·locant-los en la columna que corresponga: *saxòfon, trompa, oboé, tuba, flauta travessera, trompeta, fagot, trombó* i *clarinet*.

Vent de fusta			Vent de metall
Bisell	Llengüeta senzilla	Llengüeta doble	

b) Explica per què la *trompeta* és més aguda que la *tuba*. Després, intenta raonar la causa per la qual el *contrabaix* és més greu que el *violí*.

3. Col·loca cada instrument de percussió en la columna que corresponga: *timbales, bastons de percussió, caixa, triangle, xilòfon, bombo, carilló, maraques, bongos, metal·lòfon* i *castanyoles*.

Percussió d'altura determinada	Percussió d'altura indeterminada

4. Ordena els instruments següents d'agut a greu:

a) Viola, contrabaix, violoncel i *violí*.

b) Tuba, trompeta, trombó i *trompa*.

5. Respon a les qüestions següents:

a) Per què és necessària la figura del director d'orquestra?

b) Assenyala, entre aquests noms, els que pertanyen a directors d'orquestra: **Cristofori, Herbert von Karajan, Leonard Bernstein** i **Carl Orff.**

6. Contesta les preguntes següents sobre agrupacions instrumentals:

a) Quina diferència hi ha entre una *orquestra simfònica* i una *banda de música*?

b) Quins instruments componen un *quartet de corda*? I un *grup de rock*?

7. Copia en el teu Llibre de Treball l'esquema següent de la col·locació dels instruments en l'orquestra, i pinta'l tal com t'indica la llegenda:

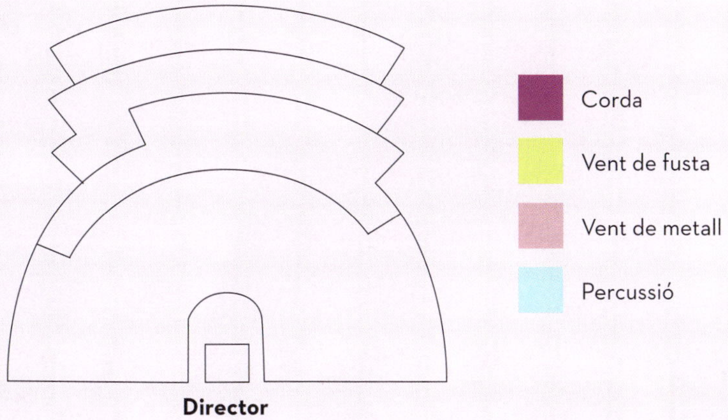

8. Busca informació i relaciona els noms d'aquests grans intèrprets amb els instruments corresponents.

Alicia de Larrocha ·	· *Violí*
Pau Casals ·	· *Piano*
Paganini ·	· *Trompeta*
Louis Armstrong ·	· *Violoncel*

9. Investiga en Internet informació sobre les orquestres simfòniques professionals i de joves que hi ha a la Comunitat Valenciana.

10. Escriu en el teu Llibre de Treball el nom d'aquests instruments.

6 LA TEXTURA MUSICAL

Sabries dir què és la textura? Si ho busques en el *Diccionari normatiu valencià* veuràs la definició següent: «disposició i orde dels fils i passades d'un teixit». Així, no és igual la textura d'un jersei de llana, d'una camiseta de cotó o d'un mocador de seda. Les sensacions que ens produeixen són diferents.

Però et deus preguntar quin significat té, per tant, la paraula textura aplicada a la música; igual que una tela està composta de diferents fils, en la música hi ha diferents línies melòdiques i, depenent de la manera com es combinen, tindrem diferents tipus de textura musical.

Al llarg de la unitat estudiarem en profunditat què és la textura, i n'analitzarem gràficament i auditivament els tipus principals.

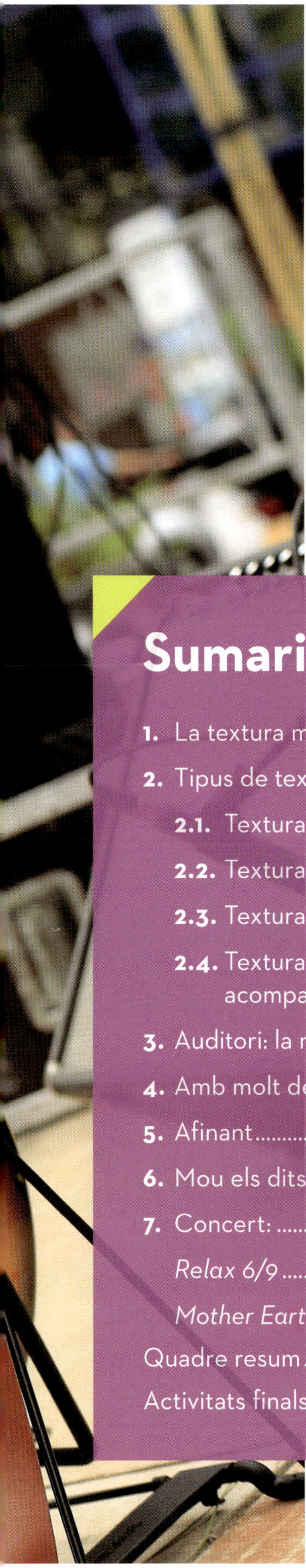

Sumari

Un CD

***Paper Music*, de Bobby McFerrin (Sony Classical B000002A9Q)**

El famós cantant de jazz **Bobby McFerrin,** amb la seua sorprenent tècnica vocal i acompanyat per la Saint Paul Chambers Orchestra, fa versions de grans obres de la música clàssica i interpreta peces de **Bach, Mozart, Vivaldi, Boccherini** o **Stravinski,** entre altres.

Un espectacle

***La Mar de Músicas*, de Cartagena**

Festival de músiques del món que es fa a la ciutat de Cartagena (Múrcia) des del 1995. Cada any es converteix en l'aparador cultural d'un país diferent amb actuacions musicals, exposicions fotogràfiques, literàries, pictòriques i escultòriques, i també projeccions de pel·lícules i documentals del país protagonista de l'edició.

Un llibre

***El maravilloso mundo de la música*, de Kurt Pahlen (Alianza Editorial)**

Llibre recomanat per a totes les persones que vulguen iniciar-se en el coneixement de la música. Aconsegueix transmetre, per mitjà de diàlegs ben divertits i vius, la passió i l'interés per la música.

1 La textura musical

Com hem comentat en la introducció de la unitat, si observem al nostre voltant, podem veure-hi molts tipus de textures (en la roba, en la pintura i, fins i tot, en els aliments), que ens produeixen diferents sensacions: la suavitat de la seda, la rugositat del tronc d'un arbre o l'aspror d'un paper de vidre.

Figura 6.1.
En el nostre entorn podem trobar textures molt variades.

Imagina, per exemple, una peça de roba: el teixit està format per diferents fils que s'entrellacen d'una manera determinada.

En la música ocorre una cosa semblant; tenim elements diversos (melodies, acords...), que poden combinar-se de maneres diferents. Depenent d'aquesta disposició, tindrem resultats distints: una sonoritat més aïna lleugera o més densa i rica.

Per tant, podem entendre la **textura musical** com la manera com es combinem els sons dins d'una composició musical.

Abans d'endinsar-nos en l'explicació de cada un dels tipus de textures, farem un exercici pràctic per experimentar-hi.

ACTIVITATS

1. **Textura 1**

   Pensa en un plat de menjar: té un gust, una olor i una textura característics, que resulten de la combinació de diferents ingredients. Però, imaginem que comencem utilitzant un sol ingredient per a un menjar, sense mesclar: generaria un gust únic. En música, aquest «ingredient» podria ser una melodia com aquesta:

   Coneixes aquesta melodia? Es tracta de la famosa cançó francesa *Frère Jacques*. A falta de més indicacions, podria ser cantada o tocada per un instrumentista o per diversos instrumentistes al mateix temps.

- **Interpreta la melodia amb els teus companys.**

  Com deus haver observat, és una melodia única, sense res que l'acompanye.

  Aquest tipus de textura musical es denomina **textura monofònica** o **monòdica.**

ACTIVITATS

2. Textura 2

Continuarem, doncs, desenvolupant el nostre «paladar musical» i combinant més ingredients. Observa:

La línia melòdica inferior (en color verd) és la melodia original. Hi hem afegit una segona melodia (en color rosat) que es mou amb el mateix ritme, però a una altura diferent.

La textura musical que en resulta es denomina **textura homofònica.**

- **Interpreteu l'exemple anterior (podeu dividir la classe en dos grups i que cada un interprete una veu).**

  Quina sensació us produeix respecte de la interpretació de la textura 1?

3. Textura 3

Ara, combinarem «els ingredients» d'una altra manera. Observa amb atenció:

Podries explicar què ocorre en els compassos que inclou el requadre morat? Si t'hi fixes, la línia superior és la mateixa melodia que la inferior, però comença al cap de dos compassos, un fenomen que provoca que les línies melòdiques no coincidisquen.

L'efecte sonor és, per tant, el de dues melodies diferents, que sonen al mateix temps. Això fa que siga més difícil seguir la música.

Aquest tipus de combinació sonora o textura, formada per diverses melodies distintes, es denomina **textura polifònica** o **contrapuntística.**

- **Dividiu la classe en dos grups i interpreteu l'exemple anterior.**

ACTIVITATS

4. **Textura 4**

   Finalment, veurem un tipus de textura que et deu ser molt familiar, perquè és la que representa la majoria dels teus grups o artistes preferits: un/-a cantant solista *(melodia principal)* i la resta de músics que constitueixen l'*acompanyament*.

   Observa l'exemple: hem afegit a la melodia de *Frère Jacques* un acompanyament harmònic senzill.

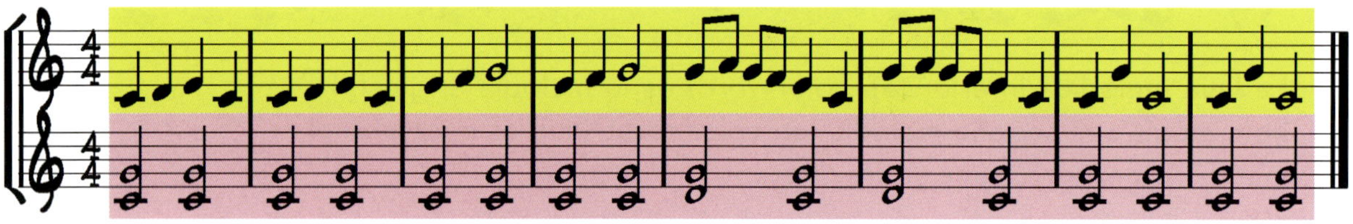

   Aquest tipus de textura consisteix en una melodia principal (color verd) amb un acompanyament harmònic (color rosat) i rep el nom de **melodia acompanyada.**

   - **Interpreteu l'exemple anterior: uns quants feu l'acompanyament amb instruments de làmines i la resta toqueu la melodia principal.**

ACTIVITATS

5. **Escolta els diferents tipus de textura que acabes d'interpretar.**

En una mateixa composició musical poden alternar-se unes quantes de les textures que acabem de veure. A continuació analitzarem, de manera més detallada, tots aquests tipus de textures.

Figura 6.2.
Grup musical El canto del loco.
Molta de la música que escoltes habitualment té una textura de melodia acompanyada.

2 Tipus de textura musical

Com ja hem explicat, depenent de la manera com es combinen els sons en una composició, podem diferenciar distints tipus de textura. Vegem-ne un resum breu:

Textura monofònica	una única línia melòdica
Textura homofònica	diverses melodies al mateix ritme
Textura polifònica	diverses melodies independents o que s'imiten entre si
Textura acompanyada	melodia principal amb un acompanyament harmònic

2.1. Textura monofònica

La **textura monofònica** consisteix en una sola línia melòdica, interpretada per una veu o per unes quantes veus o instruments al mateix temps.

Quan uns quants intèrprets executen la mateixa melodia simultàniament, es diu que canten o toquen a l'*uníson*. Exemple: cant gregorià *(kírie)*. (Figura 6.3).

Figura 6.3.
Els **monjos de Santo Domingo de Silos,** referents del cant gregorià.

33

Si uneixes totes les notes amb una línia, t'eixirà un gràfic semblant a aquest; és a dir, una melodia sense cap tipus d'acompanyament:

Com has pogut observar, la textura monòdica o monofònica és la més senzilla, però no per això deixa de tenir una certa màgia. Va ser la més utilitzada durant una gran part de l'edat mitjana, tant en la música religiosa, amb el cant gregorià, com en la música profana, en les cançons dels trobadors.

També és molt freqüent fer-la servir en la música tradicional d'algunes cultures. Observa que aquest tipus de textura facilita la comprensió del text que es canta.

WEB DE RECURSOS

Si vols aprendre a escoltar i a cantar gregorià, consulta la pàgina web.

ACTIVITATS

6. **Intenta cantar amb els teus companys la melodia de l'exemple anterior. Com pots observar, està escrita sense figures rítmiques, perquè el gregorià tenia un ritme molt lliure marcat per les frases del text.** Segueix les indicacions del teu professor per a interpretar-la simultàniament.

2.2. Textura homofònica

Diem que una composició té una **textura homofònica** quan està composta per diverses melodies que tenen distinta altura, però es mouen al mateix ritme.

Exemple: *Hallelujah* de l'oratori el *Messies*, de **Händel** (Figura 6.4).

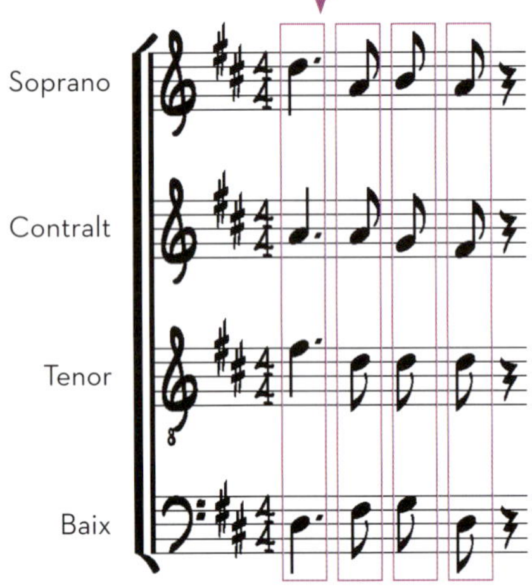

Si uneixes amb una línia totes les notes de la composició, tant en sentit horitzontal com vertical, obtindràs un gràfic semblant a aquest:

Diverses melodies amb el mateix ritme.

A l'esquerra pots veure el compàs 1 de l'exemple superior. Els requadres t'indiquen que les quatre veus es mouen amb el mateix ritme, però cada requadre conté quatre sons de diferent altura.

Figura 6.4. Händel.

ACTIVITATS

34

7. Escolta l'audició següent, composta per tres fragments musicals. Observa que, encara que els estils són molt diferents *(rock, barroc* i *gospel),* en els tres casos les veus canten en una textura homòfona. Els fragments pertanyen a les composicions següents:

Bohemian Rhapsody **(Queen).**

Hallelujah (Messies, **de Händel**).

If we ever **(Take 6).**

2.3. Textura polifònica

La **textura polifònica** consisteix en la superposició de diverses melodies que avancen, bé independentment, bé imitant-se entre si.

Podem comparar aquesta textura amb una conversació entre dues persones o més de dues, en què una comença a donar la seua opinió i, abans no acabe, les altres persones comencen a defendre la seua. A partir d'aquest moment, com que hi ha dues línies de conversació o més que no coincideixen, és més difícil seguir-ne el curs i entendre què diu cada un.

És el tipus de textura més dens dels que hem estudiat, i el que requereix més esforç de l'oient per a poder distingir les diferents melodies que sonen al mateix temps. La polifonia naix a la fi del segle IX i arriba al moment de més esplendor en el Renaixement.

En el classicisme també hi ha exemples de polifonia d'una gran qualitat, com el kírie del *Rèquiem* (missa de difunts), de **Mozart.**

SAPS QUE...

L'exemple més estricte d'imitació de les veus és el **cànon,** una forma musical en què unes quantes veus sonen al mateix temps, interpretant la mateixa melodia, però començant en moments distints.

L'exemple que hem vist com a textura polifònica en la p. 103 era un cànon.

La textura polifònica pot exemplificar-se amb aquest gràfic:

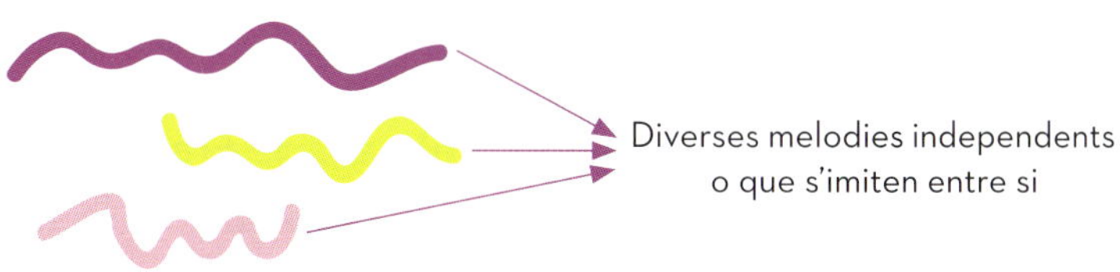

2.4. Textura de melodia acompanyada

La **textura de melodia acompanyada** es basa en una melodia principal amb un acompanyament harmònic.

Un exemple d'aquest tipus de música el trobem en la música clàssica, on són molt típics els concerts clàssics per a un solista acompanyat per l'orquestra. Així, la melodia és la protagonista i destaca sobre l'acompanyament, que l'enriqueix i la complementa.

Exemple: *Sonata per a piano, opus 2, núm. 11* de **Beethoven.**

Sonata per a piano op. 2, núm. 11

L. van Beethoven

Podem representar la *melodia acompanyada* amb aquest gràfic:

Aquest tipus de textura té l'origen en el barroc i va tenir un paper molt important en el naixement de l'òpera, al començament del segle XVII. Mirava de destacar la melodia i que el text s'entenguera amb més claredat.

També va ser molt utilitzada per alguns compositors del classicisme (segona meitat del segle XVIII) i del romanticisme (segle XIX). A més, està present en una gran part de la música actual (pop, rock, etc.).

Figura 6.5.
Stéphane Grappelli, un dels violinistes de jazz més gran del s. XX.

ACTIVITATS

8. Com has pogut comprovar, la textura de melodia acompanyada s'ha fet servir tant en la música clàssica com en la música actual. Escolta els exemples següents i digues qui interpreta la melodia principal i qui, l'acompanyament.

- *Lied* (cançó, en alemany) del segle XIX, de **Franz Schubert.**
- Cançó *Djangology*, de **Stéphane Grappelli** (Figura 6.5).

3 Auditoria: la música *New Age*

A. Les dades

Actualment és complicat definir la música *New Age* a causa de la gran varietat d'estils que la componen. No obstant això, podem atrevir-nos a definir-la com a música contemporània, generalment melòdica, d'aire evocador i que tracta de transmetre diferents emocions: pau, relaxació, respecte pel nostre planeta, etc.

Entre la varietat d'estils que en formen part podem escoltar: *música electrònica, ètnica, folk, vocal, pop, jazz, clàssica,* etc. Aquesta amalgama d'estils respon a un desig ben profund: el de trobar nous horitzons musicals i, en definitiva, «noves músiques», qualificatiu també fet servir per a referir-se al corrent *New Age*.

WEB DE RECURSOS

En la web de recursos pots trobar una selecció de fragments de música *New Age*.

B. La música 38

Ara escoltaràs tres fragments musicals enllaçats dels músics de *New Age* següents:

- El primer correspon al saxofonista nord-americà **Paul Winter** (Figura 6.6) i el seu grup **Consort.** És una de les formacions més representatives de la música *New Age* de les dècades dels anys huitanta i dels noranta. Aquest grup fusiona la seua música amb elements culturals molt diversos: música ètnica, jazz, sons de la natura, etc.; han aconseguit tres premis Grammy i hi han estat nominats huit vegades. Escolta, a continuació, un fragment del tema *Ocean Dream,* en què el cant de les balenes s'entremescla amb el saxòfon soprano de Paul i la resta del grup.
- El segon fragment correspon al grup irlandés **Nightnoise.** Ells han estat un altre dels grups exponents de les noves músiques durant els huitanta i els noranta. Les seues composicions estan impregnades de la música celta, entremesclada amb música clàssica. Alguns experts han arribat a anomenar aquesta música *folk de cambra.* El tema que escoltaràs es titula *Shuan.*

Figura 6.6.
Paul Winter.

- L'última audició correspon a **Enya** (Figura 6.7). Cantant i pianista nascuda a Irlanda el 1961, és una de les cantants *New Age* més conegudes, encara que a ella mateixa no li agrade que la seua música s'etiquete d'aquesta manera.

  El seu disc *Watermark,* editat a la fi del 1988, es va col·locar en el primer lloc dels rànquings britànics en la primera setmana. Actualment ha arribat a sis milions i mig de discos venuts arreu del món. A continuació escoltaràs un fragment del seu tema *Orinoco Flow.*

Figura 6.7.
Enya, un dels referents de la música *New Age*.

4 Amb molt de ritme

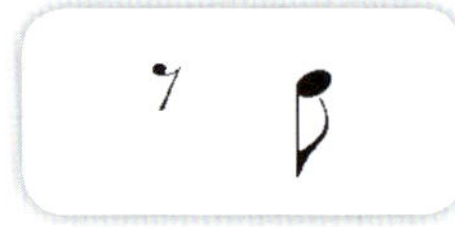

En aquesta unitat treballarem la fórmula rítmica de *contratemps de corxera*.

La fórmula consisteix en la substitució de la primera corxera pel silenci respectiu. Si per a estudiar les corxeres hem utilitzat les síl·labes *ti-ti,* ara pots substituir el primer *ti* per la síl·laba *un* de la manera següent:

Com que la síl·laba *un* representa el silenci, no has de tocar quan la pronuncies.

Fes els exercicis rítmics següents amb palmades, o bé sobre els genolls alternant-hi les mans. Pots utilitzar també les síl·labes rítmiques. Després, interpreta'ls amb l'audició de fons:

Exercici 1

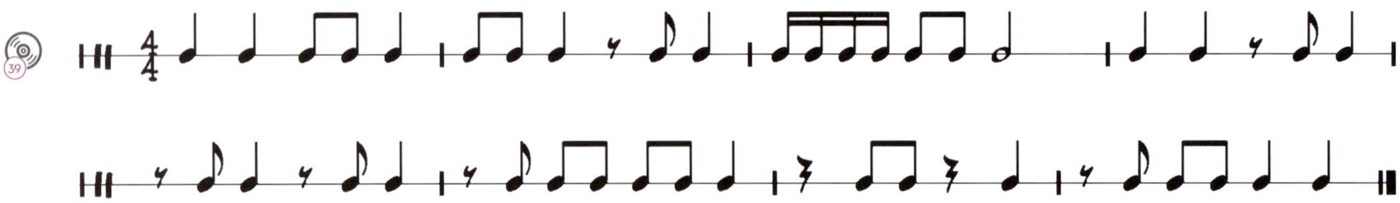

Exercici 2

Practica aquestes polirítmies a dues mans sobre els genolls. També pots fer-les amb uns bongos:

Exercici 3

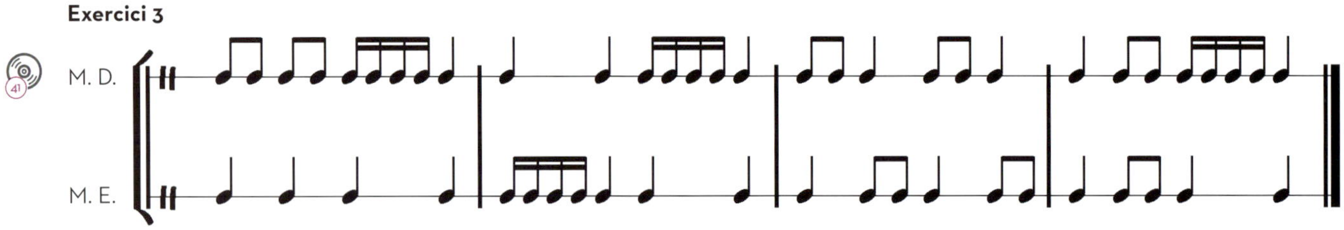

Practica els patrons següents de bateria amb percussió corporal. Després, toca'ls sobre l'audició.

Exercici 4

5 Afinant

A. Educa la veu

En aquest exercici, cantaràs la mateixa frase musical en *to menor* i *en to major*, per aquest ordre. Vés amb compte amb l'afinació de les notes. L'acompanyament harmònic que tens en el CD t'hi ajudarà.

> **SAPS QUE...**
>
> Hi ha persones que tenen oïda absoluta i reconeixen les notes tan bon punt les escolten.

43

B. Lectura musical

Afegirem la nota *do* del tercer espai a les ja treballades.

C. Repertori

Canta aquesta melodia en què l'harmonia està basada en un famós cànon del compositor Pachelbel. Canta'l, primer de tot, amb notes per a practicar la lectura musical i, després, amb la lletra. Quan t'ho hages aprés bé, pots mirar de cantar-ho en cànon amb els companys (a 2, 3 o 4 veus).

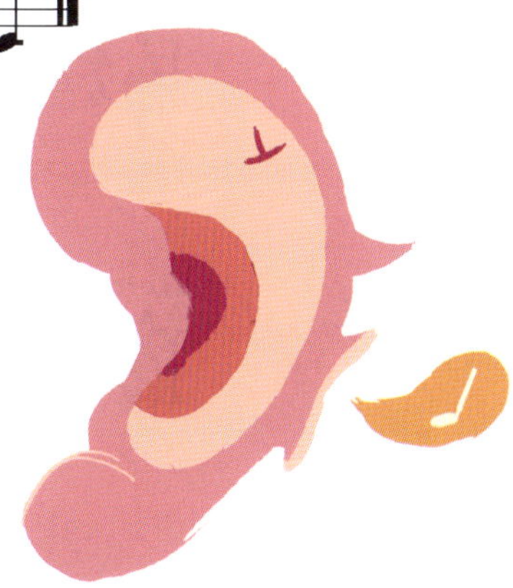

44

Cànon

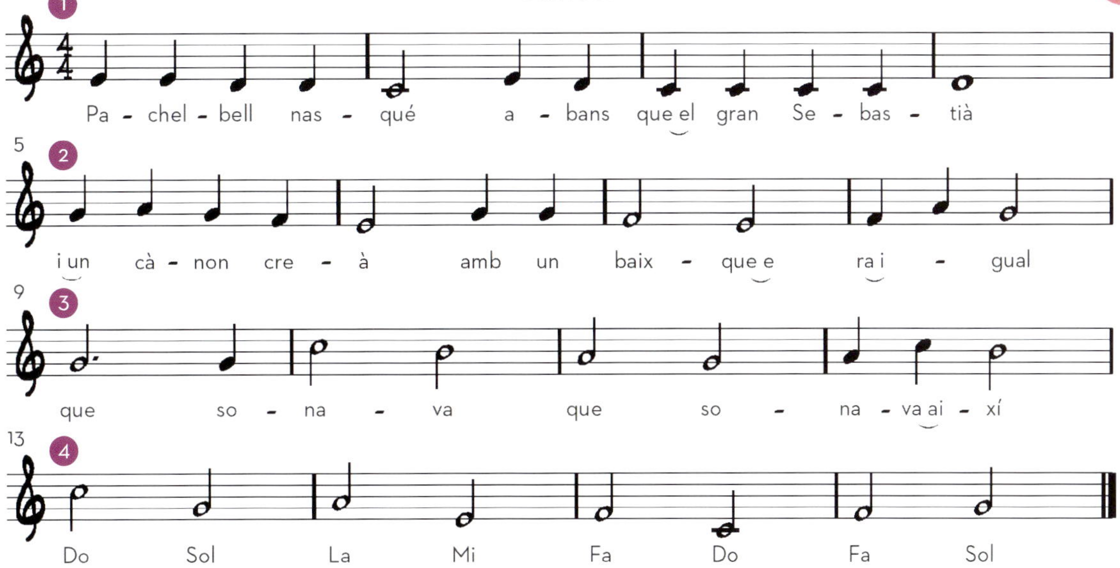

Figura 6.8.
El *didjeridú* és un instrument de vent utilitzat pels aborígens d'Austràlia.

6 Mou els dits

Continuem repassant les notes apreses en les unitats anteriors.

Les ambientacions musicals que utilitzarem en aquesta unitat són les següents:

- Acompanyament *exercicis 1, 2* i *3:* ambientació de música rock en què podrem escoltar, entre altres instruments, l'*orgue Hammond*.
- Acompanyament *exercicis 4, 5* i *6:* practicarem amb una música que ens convidarà a imaginar un ambient selvàtic. Escoltarem, entre altres, un instrument ben curiós: el *didjeridú* (Figura 6.8).

Interpreta els exercicis següents seguint les instruccions del teu professor. Recorda que, tant a casa com a l'aula, pots fer servir els acompanyaments inclosos en el CD per a practicar d'una manera més amena.

Exercici 1

45

Exercici 2

Exercici 3

Exercici 4

46

Exercici 5

Exercici 6

7 Concert

Figura 6.9.
Suzanne Ciani (compositora, pianista i pionera en el camp de la música electrònica) és una de les primeres dones a fer-se un nom en el món de la música *New Age*. Entre els reconeixements a la seua obra destaquen cinc nominacions als premis Grammy i un Globus d'or.

Relax 6/9 deu el nom a dos elements molt importants. En primer lloc, la paraula *relax* defineix el caràcter de la peça (relaxat, ambiental), alhora que fa referència a un tipus de música caracteritzat per unes melodies tranquil·les, unes sonoritats ambientals... L'afegitó 6/9 es deu a la utilització d'acords que fan servir aquests intervals (la 6a i la 9a), un fet que li dóna una sonoritat molt característica.

Aquesta tendència musical, com hem vist en l'apartat *Auditori* d'aquesta unitat, es denomina *New Age* (música de la nova era).

Relax 6/9

47 48

Andante

Música: José Palazón

Mother Earth és la peça següent que interpretareu amb la flauta. Es tracta d'una composició rítmica i emotiva que engloba diversos estils musicals: ètnic i simfònic BSO. Aquesta peça tracta de transmetre un missatge d'esperança per a conservar el nostre planeta. Hi podreu escoltar instruments ètnics com el *didjeridú*, i també ens acompanyarà el cant de les balenes.

Mother Earth

Música: José Luis Salas

La textura musical

És la manera de combinar els diferents sons en una composició musical

Tipus de textura musical

Monofònica. Una sola línia melòdica, interpretada per una veu o per unes quantes veus o instruments alhora.

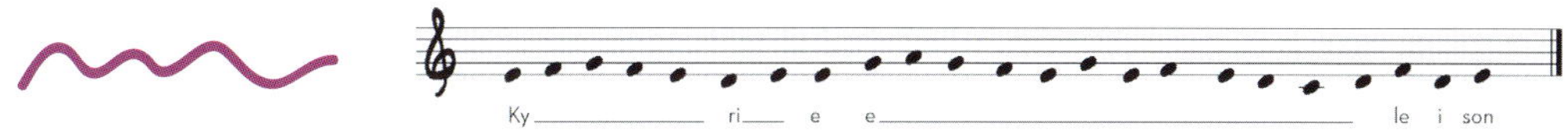

Monofònica. Diverses melodies que tenen distinta altura, però es mouen al mateix ritme.

Polifònica. Diverses melodies que avancen independentment, o bé imitant-se entre si.

Melodia acompanyada. Una melodia principal amb un acompanyament harmònic.

ACTIVITATS FINALS

1. Explica amb les teues pròpies paraules el concepte de *textura*.

2. Escriu en què consisteix cada un dels tipus de textura següents:

a) Monofònica.

b) Homofònica.

c) Polifònica.

d) Melodia acompanyada.

3. Relaciona cada gràfic amb la textura que representa:

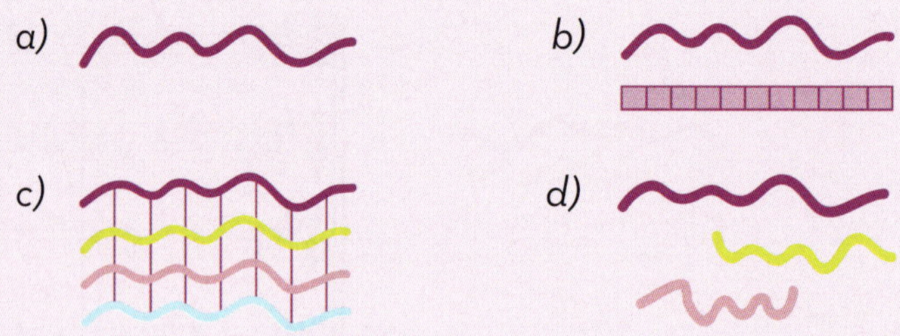

4. Observa els exemples següents i digues quina textura tenen:

a) Confiteor (Credo de la *Missa en si menor BWV 232),* de **J. S. Bach.**

b) Cantiga, d'**Alfons X el Savi.**

c) Villancet *Ay, triste que vengo,* de **Juan del Encina.**

d) *Lied* «Ständchen» (serenata) de *Schwanengesang,* de **Franz Schubert.**

5. **Et proposem que compongues un cànon a tres veus. En l'exercici ja figura dissenyada la melodia principal: tu has d'escriure en el teu Llibre de Treball les altres dues veus.**

Cànon a tres veus

7 LA FORMA MUSICAL

Al llarg de les diferents unitats, has estudiat els distints elements amb què treballa el compositor per a crear una obra musical (melodia, harmonia, ritme, textura, timbre...) i, com deus haver comprovat, les possibilitats són infinites. Per això, el compositor ha d'organitzar les seues idees musicals i «donar-los forma», de manera que puga transmetre allò que vol expressar.

En l'arquitectura, en l'escultura o en la pintura ocorre una cosa semblant; l'artista ha de planificar la manera com cal ordenar els diversos elements en l'espai per a crear una estructura.

En el cas de la música, es desenvolupa per mitjà del temps; per això haurem de fer servir la nostra memòria per a poder desxifrar aquesta organització interna. Això diferencia la música, que és un art temporal (igual que el cinema o el teatre), de les arts plàstiques. En aquesta unitat et donarem les claus que t'ajudaran a comprendre la manera com s'estructura una composició musical.

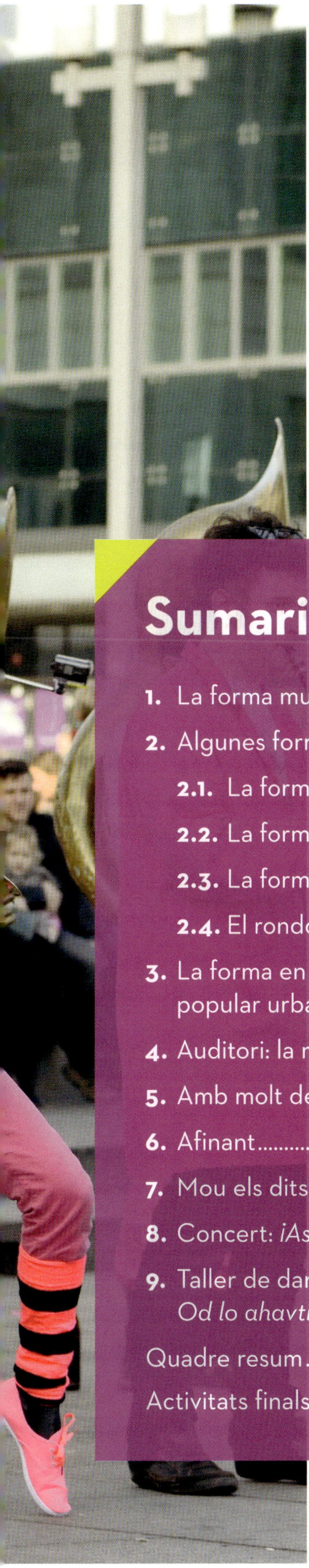

Sumari

Una web

www.rubenblades.com

Pàgina oficial de Rubén Blades, un dels artistes de música llatina més importants de tots els temps, conegut per temes com *Pedro Navaja* o *Plástico*. *Siembra* va ser un dels discos de salsa més venuts de tots els temps. En la seua web pots trobar una secció de vídeos, fotografies i dates de concerts d'aquest artista.

Una emissora de ràdio

Radio 3

En Radio 3 podem escoltar programes especialitzats en músiques d'estils molt diferents: música electrònica, *jazz*, músiques del món, pop i rock, *hip-hop*, *New Age*, etc.

Totes aquestes músiques poden escoltar-se i, fins i tot, baixar-se en format podcàsting.

Un llibre

***Molto Vivace: Cuentos de Música* (Autors diversos). Editorial Páginas de Espuma. Col·lecció «Narrativa Breve», volum 9**

Prologats per l'escriptor **Hipólito G. Navarro,** inclou una selecció ben esplèndida de relats d'autors espanyols i llatinoamericans de la segona meitat de segle (**Francisco Ayala, Julio Cortázar, Fernando Quiñones, Luis Sepúlveda,** etc.), en els quals el món musical i fantàstic és el protagonista de cada una de les històries.

1 La forma musical

Tota composició artística, siga una obra arquitectònica, una escultura o un llibre, té una organització o estructura determinada.

Observa, per exemple, el diàleg següent:

- *Però si tot el món deia que seria molt divertida.*
- *M'hi vaig avorrir moltíssim.*
- *Com va anar ahir la festa de Lluís?*
- *Doncs, no, va ser una llanda.*

Si t'hi fixes, les frases no estan ordenades de manera lògica, per això el diàleg no té sentit. Cal que hi «donem forma».

Figura 7.1.
És important diferenciar la forma de l'estil. Observa la imatge superior, un quadre de **Velázquez.** Quin autor modern va pintar el mateix quadre mantenint-ne l'estructura, però amb un estil completament diferent? Per si de cas et pot servir d'ajuda, en la web trobaràs més informació sobre el *cubisme*, una de les primeres avantguardes artístiques.

ACTIVITATS

1. Organitza les frases del text anterior de manera que tinga sentit.

Com hem explicat en la introducció de la unitat, la música també necessita una **forma** o estructura. Et deus preguntar com fa un compositor per a organitzar les seues idees musicals i que tinguen sentit i coherència. Per a comprendre-ho més bé, fes l'activitat següent.

ACTIVITATS

2. A continuació tens unes quantes idees musicals distintes:

Interpreta, amb la flauta o amb un instrument de làmines, les melodies anteriors, seguint l'ordre que t'indiquen els codis de colors. Et proposem unes quantes possibilitats:

Interpretació 1
Interpretació 2
Interpretació 3

Si t'hi fixes, en l'activitat anterior, a partir de diverses idees musicals, hem fet tres interpretacions distintes seleccionant i organitzant aquests fragments de maneres diferents.

La manera d'organitzar les idees musicals dins d'una composició musical (l'*estructura*) és allò que denominem **forma musical.**

En música, aquesta estructura o forma es representa amb les lletres de l'abecedari: A, B, C..., que serveixen per a designar cada una de les parts d'una composició. Però què hem de tenir en compte a l'hora d'utilitzar una lletra o una altra? Molt senzill: la primera idea musical, l'anomenarem **A;** la següent idea diferent, **B;** la següent, **C,** etcètera.

També pot repetir-se un tema ja utilitzat abans, però una mica modificat; en aquest cas, hem de fer servir la mateixa lletra amb el símbol ' (per exemple: una variació de **A** seria **A',** que es llig *A primera*).

Si observes les idees musicals que has tocat en la pàgina anterior, podríem denominar cada idea d'aquesta manera:

A

B

A'

ACTIVITATS

3. Quina combinació de lletres utilitzaries per a anomenar cada una d'aquestes composicions en funció de les parts?

De tots els punts anteriors podem deduir quins són els diferents tipus de procediments que pot seguir un compositor per a crear la seua obra i que en determinen l'estructura: **repetició, contrast** i **variació.**

Imagina que tu ets el compositor. Inventes un tema A. Pots:

- Tornar-lo a repetir. A A **Repetició**
- Utilitzar un tema diferent, que contraste amb l'anterior. A B **Contrast**
- Repetir-lo amb alguna modificació. A A' **Variació**

2 Algunes formes musicals

Al llarg de la història de la música, els compositors han creat una gran varietat de formes musicals. Moltes han romàs com a models per als compositors d'èpoques posteriors.

Com hem vist en l'apartat anterior, la combinació de distintes idees musicals (**A, B, C**...) pot originar diferents *formes*, que sempre es generen basant-se en els principis de repetició, contrast i variació. A continuació, en veurem unes quantes.

SAPS QUE...

La **música minimalista** es basa en la repetició de seqüències de notes o elements bàsics, amb matisos lleument distints, de manera que es crea un ambient hipnòtic. Es coneix, també, com a música repetitiva. Entre els seguidors principals cal esmentar **Steve Reich** i **Philip Glass.** En la web de recursos trobaràs més informació sobre el minimalisme.

2.1. La forma estròfica

De segur que coneixes la cançó infantil següent. Observa que està formada per dues estrofes que, encara que tenen una lletra diferent, es canten repetint la mateixa música.

Aquest tipus de forma que consisteix en una frase o secció musical que es repeteix s'anomena **forma estròfica.** Com pots veure, està basada en la repetició i, sovint, figura en moltes cançons populars. La podem representar esquemàticament d'aquesta manera:

A	A	...

2.2. La forma binària

Diem que una composició musical té **forma binària** quan està composta per dues seccions musicals diferents; és a dir, es basa en el contrast d'idees musicals distintes (**A** i **B**). Aquestes seccions poden repetir-se, però la forma musical no varia. Per exemple:

A B o AA BB

ACTIVITATS

4. Escolta l'audició següent. Pertany a una peça del Renaixement, i es tracta d'una forma binària A, B, que es repeteix dues vegades; la primera interpretada per instruments i la segona per veus.

Part instrumental	Part vocal
A B	AA BB

En la partitura que hi ha a continuació pots observar els dos temes (A i B) d'aquesta audició.

Now is the month of Maying

ATENCIÓ

A partir d'ara utilitzaràs el CD3.

2.3. La forma ternària

Aquest tipus de forma es denomina així perquè està composta per tres seccions: la primera i la segona són contrastants, mentre que la tercera sol ser una repetició o una variació de la primera. Es correspondria amb l'esquema següent:

A B A o A B A'

Saps que sobre la famosa cançó *Quan les oques van al camp*, **Mozart** va dur a terme unes variacions per a piano? A continuació tens la melodia. Observa que té una forma ternària:

Quan les oques van al camp

RECORDA

Caselles de primera i de segona

1a vegada

2a vegada

Quan fem la segona repetició, saltem la casella de 1a i en el seu lloc toquem la de 2a.

***Da capo* (DC)**

Significa «des del començament», i indica una repetició total de la peça.

Quan està associat a la indicació «*al Fine*», cal acabar on es col·loque «*Fine*».

ACTIVITATS

5. Repassa els signes de repetició interpretant els exercicis rítmics següents. Abans d'intentar tocar-los, repassa el significat de cada un dels signes que hi figuren.

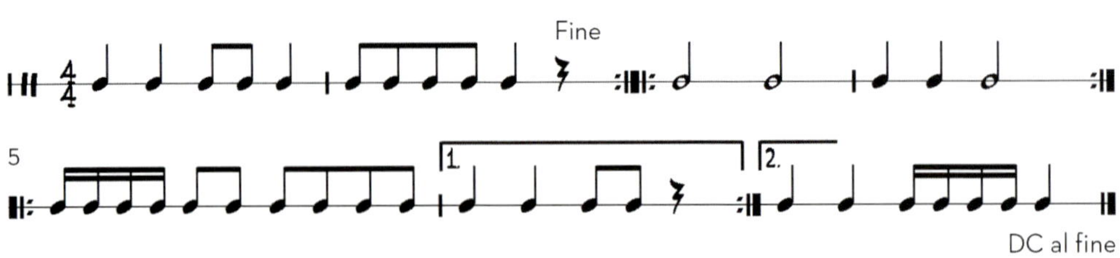

2.4. El rondó

Imagina la situació següent: un reporter va pel carrer fent una enquesta a diferents persones sobre els seus llocs preferits per a anar de vacances.

Reporter: *Quin és el vostre lloc preferit per a passar l'estiu?*

La dona: *Doncs, fill, m'agrada la platja, perquè em va molt bé l'aigua de la mar.*

Reporter: *Quin és el vostre lloc preferit per a passar l'estiu?*

L'empresari: *M'encanta la muntanya, perquè m'ajuda a desconnectar de l'estrés de la vida diària.*

Reporter: *Quin és el vostre lloc preferit per a passar l'estiu?*

Els xics: *Ens agrada viatjar per a conéixer noves ciutats.*

Si observes els diàlegs anteriors, comprovaràs que es produeix una alternança entre la pregunta del reporter i les diferents respostes. La pregunta és sempre la mateixa, mentre que les respostes són distintes:

Pregunta	Resp. 1	Pregunta	Resp. 2	Pregunta	Resp. 3

Aquest esquema és molt semblant al que segueix la forma musical anomenada **rondó:** s'hi alterna una *tornada* o secció **A** amb altres seccions diferents **(B, C, D...),** amb la diferència que aquesta forma musical acaba sempre amb el tema **A.** Es produeix, així, un equilibri entre la repetició i el contrast.

A	B	A	C	A	D	...	A

ACTIVITATS

6. **Escolta l'obertura de l'òpera *Carmen*, de Bizet. Es tracta d'un exemple molt clar de rondó (ABACA). Davall, hi ha escrit l'inici dels tres temes principals de les seccions A, B i C.**
   - *a)* Compara les tres melodies anteriors (el disseny melòdic, el rítmic, els matisos, etcètera).
   - *b)* Escolta l'audició i indica quan comença cada secció.

SAPS QUE...

La introducció i la coda

En moltes composicions musicals podem observar una *introducció* i una *coda*.

La **introducció** és un fragment musical que precedeix l'obra per a preparar l'entrada del tema principal i la **coda** és un fragment que s'afig al final de l'obra i accentua la sensació de fi.

3 La forma en la música popular urbana

Figura 7.2.
Actuació de **La Oreja de Van Gogh** en directe.

És possible que al llarg d'aquesta unitat t'hages plantejat quina pot ser la forma musical de les cançons que escoltes habitualment. Hi ha una sèrie de parts musicals que se solen combinar en les cançons d'aquest estil per a donar-los forma. Sabries anomenar alguna d'aquestes parts?

De segur que t'han vingut al cap les paraules *estrofa* i *tornada*. Aquestes dues parts no acostumen a faltar en una cançó. Però no són les úniques que s'hi solen utilitzar, com pots comprovar tot seguit:

Introducció Prepara, musicalment, l'ambient de la cançó al principi d'aquesta.

Estrofa Conta la història o l'argument de la cançó. Al llarg de la cançó sol haver-n'hi unes quantes, separades per la tornada.

Pont Com el nom indica, és una part musical que serveix d'enllaç entre l'estrofa i la tornada, normalment, i sol ser més curta que aquestes.

Tornada En aquesta part s'expressa el sentiment general de la cançó. Figura unes quantes vegades al llarg de la peça i sol utilitzar-se per a acabar, quan es repeteix unes quantes vegades. És la secció més apegalosa i cridanera de la cançó.

Solo Part musical en què un instrument (habitualment la *guitarra elèctrica* o un *saxo*) improvisa una melodia.

Interludi Qualsevol part instrumental que no siga la introducció o la coda, i que no siga improvisada.

Coda Part final que serveix com a conclusió de la cançó.

Parts vocals **Parts instrumentals**

ACTIVITATS

7. **Escolta la primera part de la cançó *Atrapados en la red*, del grup Tam Tam Go, en què pots observar una *intro*, una *estrofa*, un *pont* i una *tornada*. Segueix el *musicograma* següent mentre l'escoltes.**

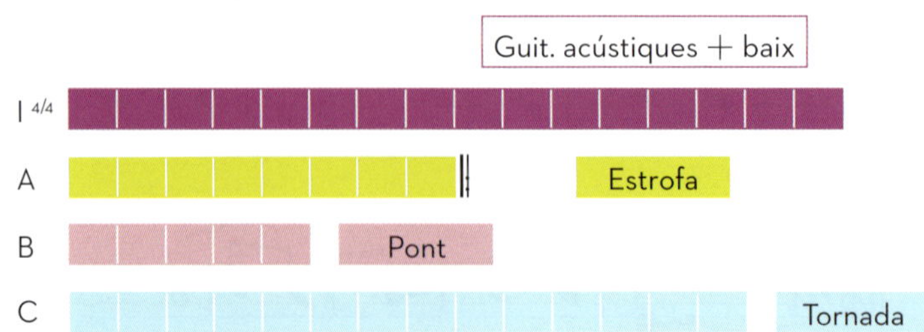

4 Auditori: la música latina

A. Les dades

El terme *música llatina* i la paraula *salsa* solen utilitzar-se com a sinònims per a definir la mescla de sons i de ritmes tan variats que hi ha a Llatinoamèrica. Durant els anys seixanta del segle XX, la *beatlemania*, el *twist* i la febra del *rock and roll* semblaven tapar la resta de manifestacions artístiques; però la vida et sorprén! (que diria el genial Rubén Blades en la seua cançó *Pedro Navaja* i, de sobte, tot va canviar.

Mambo, txa-txa-txa, merengue, *son* cubà, rumba, fusió amb el *jazz*..., molts noms i, de vegades, molt difícil distingir-ne les diferències. Va ser **Izzy Sanabria** qui va proposar-ne el terme *salsa*, estil que s'ha convertit en un fenomen internacional.

Figura 7.3.
Rubén Blades.

B. La música

La música llatina té certes característiques comunes: una introducció, una fase melòdica, una fase de ritme o percussió anomenada *montuno*, la fase de diàlegs solista-cor i un final. Instrumentalment, com que és una música molt sincopada i rítmica, són bàsics els instruments de percussió (*congues*, *pailas*, *güiros*, *bastons de percussió*...) i també una secció de vent (*metalls* i *saxos*).

Fem un recorregut breu per la música d'alguns dels artistes més representatius d'aquest gènere.

- En la dècada del 1960 el percussionista i director d'orquestra **Tito Puente** i la cantant **Celia Cruz** van ser els representants principals del gènere. Escolta **Celia Cruz** fent una versió del famós txa-txa-txa *Oye cómo va*, del guitarrista **Carlos Santana.**
- L'àlbum *Siembra* (1978), fruit de la col·laboració de **Rubén Blades** (Figura 7.3) i **Willie Colón,** va ser el primer que va vendre més d'un milió de còpies només als Estats Units. Una de les cançons d'aquest disc, *Pedro Navaja*, va esdevenir un rècord de vendes i és considerada com un dels clàssics de la salsa de tots els temps.
- En la dècada dels huitanta, el compositor i cantant dominicà **Juan Luis Guerra** (Figura 7.4) va marcar una manera diferent de viure, de sentir i d'escoltar el merengue. Ha sabut mostrar la realitat del seu país per mitjà d'unes lletres molt poètiques. El seu tema *El Niágara en bicicleta* és una crítica a les dificultats i a la misèria que travessen alguns països.
- **Gloria Estefan,** una de les màximes figures de la música llatina arreu del món, sempre ha expressat que el seu somni és poder cantar en una Cuba lliure. De ben menuda va haver d'abandonar l'illa (Cuba) a causa de la situació política del país. Amb el seu tema *Cuba libre* acomiadem el nostre auditori de música llatina.

Figura 7.4.
Juan Luis Guerra.

WEB DE RECURSOS

En la web pots comprovar les lletres de *Pedro Navaja*, *El Niágara en bicicleta* i *Cuba libre*.

5 Con mucho ritmo

En aquesta unitat treballarem la fórmula rítmica de *síncope:*

Dus a terme els exercicis rítmics següents amb palmades, o bé alternant les mans sobre els genolls. També pots fer servir les síl·labes rítmiques. Després, interpreta'ls amb l'audició de fons.

Exercici 1

Exercici 2

Exercici 3

Fes l'exercici següent de percussió corporal.

Exercici 4

Practica els patrons de bateria següents amb la percussió corporal. Després, toca'ls sobre l'audició.

6 Afinant

A. Lectura musical

Afegim la nota *re* de la quarta línia del pentagrama a les ja treballades.

B. Repertori

Figura 7.5.
Als Estats Units han proliferat els **cors especialitzats en espirituals.** En la resta del món, hi ha cada vegada més cors i artistes que inclouen en el seu repertori aquest estil musical.

En aquesta unitat interpretarem un *espiritual negre* (Figura 7.5). Aquest estil musical va sorgir lligat als esclaus africans, que es van portar a les plantacions dels Estats Units d'Amèrica. Els esclaus cantaven aquestes melodies, que els servien de consol i estímul per a afrontar la seua situació tan difícil.

La bellesa d'aquestes cançons ha fet que molts músics s'hi hagen interessat i hagen elaborat acompanyaments ben suggeridors i arranjaments a quatre veus, que actualment canten molts cors arreu del món.

Interpreta l'espiritual següent sobre la base gravada. Canta'l, primerament, amb el nom de les notes i, quan sàpies bé la melodia, fes-ho amb la lletra.

Swing Low Sweet Charriot

7 Mou els dits

És l'hora de fer un pas més en el nostre aprenentatge.

- Acompanyament per a *exercicis 1, 2* i *3*: ambientació elaborada amb instruments de música celta, que ja hem estudiat en la Unitat 4: *flabiol de llanda, bodhrán* i *arpa celta*.
- Acompanyament per a *exercicis 4, 5* i *6*: viatjarem cap al món islàmic i escoltarem uns quants dels seus instruments tradicionals: *llaüt* (Figura 7.6), *saltiri* i *darbukka* (Figura 7.7).

Exercici 1

Exercici 2

Exercici 3

Exercici 4

Exercici 5

Exercici 6

Figura 7.6.
Llaüt àrab: instrument de corda pinçada.

Figura 7.7.
Darbukka: instrument de percussió tradicional de la cultura àrab.

8 Concert

La peça que interpretaràs en aquest apartat del *Concert* és un homenatge a «la reina de la salsa», **Celia Cruz** (Figura 7.8). A partir del 1959, després del triomf de la Revolució cubana, va haver d'abandonar la seua terra (Cuba), va continuar la seua carrera a l'estranger i es va convertir en una de les figures més emblemàtiques de la música llatinoamericana arreu del món. El títol de la peça és una picada d'ullet afectuosa a una de les seues expressions més simpàtiques i conegudes *¡Asúcar!*

Al mateix temps, l'estètica de la peça fusiona el ritme del txa-txa-txa amb una sonoritat característica de la guitarra amb distorsió, que ret tribut a un altre dels grans de la música llatina fusionada amb el *blues*, el *jazz* i el rock; es tracta del guitarrista **Carlos Santana.**

Figura 7.8.
Celia Cruz.

¡Asúúúcar sabroso!

9 Taller de danses del món

En aquesta unitat ballarem una **dansa tradicional d'Israel.** El ball folklòric israelià va sorgir com una mescla de danses folklòriques jueves i no jueves de molts llocs del món.

Amb una població d'origen molt divers, els nous pobladors van portar a l'acabat de crear Estat d'Israel les seues danses natives, que van adaptar al nou entorn. Entre aquestes, una dansa romanesa, l'*hora,* va representar la vida nova que es construïa en la terra d'Israel. La manera de ballar-la en rogle col·locava tots els participants en igualtat de condicions; els moviments simples permetien a tothom participar-hi i els braços enllaçats simbolitzaven la nova ideologia.

A això va seguir un entusiasme general pel ball, que va comportar la creació d'un gènere polifacètic de dansa folklòrica, basat en cançons populars israelians, però incorporant-hi influències de la tradició àrab, com la *debka,* i elements de dansa que van des del *jazz* nord-americà i els ritmes llatinoamericans fins a les cadències típiques dels països mediterranis.

La coreografia que aprendrem està basada en la cançó israeliana *Od lo ahavti dai,* de la compositora Naomi Shemer, que va escriure diverses cançons molt emblemàtiques per al poble d'Israel.

SAPS QUE...

Cada any se celebra el festival de Dansa Karmiel, que és la celebració de dansa més important a Israel, amb tres o quatre dies i nits de ball seguits, 5 000 ballarins o més i un quart de milió d'espectadors.

WEB DE RECURSOS

En la web de recursos pots trobar un vídeo d'aquesta dansa ballada per alumnes de Secundària i un altre amb l'explicació detallada per al muntatge d'aquest ball.

Resum coreogràfic

La coreografia que aprendràs per a aquesta dansa comença amb tots els participants col·locats en posició circular (rogle); hi podem diferenciar dues parts:

- **Part A,** en què els dansaires giren lateralment en el sentit de les agulles del rellotge alternant el pas lateral anomenat *maget* amb el pas cap avant anomenat *cherkessia,* tots dos molt utilitzats en les danses d'Israel.
- **Part B,** en què es combinen entrades i eixides cap a l'interior del rogle (acompanyades de palmades) amb passos saltats cap a la dreta, seguits d'una volta o gir.

La forma musical

Què és?	La manera d'organitzar les idees musicals dins d'una composició musical.
Com es representa?	Cada idea o secció musical diferent es representa amb les lletres de l'abecedari: **A, B, C.**
Procediments compositius	Els procediments que pot seguir un compositor per a crear la seua obra i que en determinen l'estructura són: **Repetició** A A; **Contrast** A B; **Variació** A A'

Algunes formes musicals

Forma estròfica	Consisteix en una frase o secció musical que es repeteix: A A ...
Forma binària	Està composta per dues seccions musicals diferents: A B
Forma ternària	Està composta per tres seccions: la primera i la segona són *contrastants*, mentre que la tercera sol ser una repetició o una variació de la primera: A B A / A B A'
Rondó	S'hi alterna una *tornada* **(A)** amb diferents *cobles* **(B, C, D...):** A B A C A D ... A

La forma en la música pop

Parts vocals	Estrofa	Conta la història de la cançó.
	Pont	Enllaç entre l'*estrofa* i la *tornada*.
	Tornada	Expressa el sentiment general de la cançó.
Parts instrumentals	Introducció	Part inicial, prepara l'ambient.
	Solo	Improvisació d'instrument solista.
	Interludi	Part instrumental sense improvisació.
	Coda	Part final, conclusió de la cançó.

ACTIVITATS FINALS

1. **Què és la *forma musical*? Intenta explicar-ho amb les teues pròpies paraules.**

2. **Practica els procediments de *repetició, contrast* i *variació*. A partir de la frase següent, inventa'n tres més seguint les indicacions:**

   M'agrada tocar la flauta perquè és divertit.

   Repetició: (...) Contrast: (...) Variació: (...)

3. **Ara farem una cosa semblant a l'exercici anterior, però utilitzant esquemes rítmics en compte de frases de text:**

   a) Fes servir el ritme de l'exemple **(A);** a partir d'aquest, inventa un ritme diferent, **(B)** (contrast), i un altre que resulte de variar-ne el primer **(A').**

   Exemple rítmic **(A):**

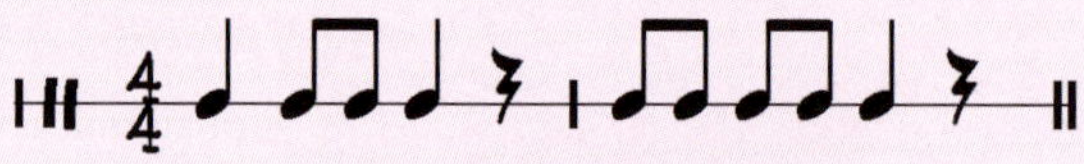

   b) A continuació, uneix-los per a crear composicions rítmiques amb distinta forma.

   Per exemple:

   AA **AA'** **AABB** **ABA** **ABA'**

   c) Finalment, toca la teua composició en l'aula.

4. **Relaciona en el teu Llibre de Treball cada un dels esquemes següents amb la forma musical a què correspon:**

Forma estròfica	A B
Forma binària	A B A'
Forma ternària	A A A ...
Rondó	A B A C A D ... A

5. **Busca en el llibre la peça musical *Pangea* (apartat *Concert* de la Unitat 1). Escriu-ne la forma utilitzant les lletres de l'abecedari, tal com has aprés en la unitat. En coincideix l'estructura amb algun dels tipus de formes musicals que figuren en l'activitat anterior?**

6. **Analitza el *Hip Night Hop* que has interpretat en la Unitat 3 i respon en el teu Llibre de Treball a les preguntes següents:**

   a) Quins compassos formen l'estrofa? I la tornada?

   b) Consideres que la peça té pont? Justifica la teua resposta.

   c) Penses que els quatre compassos centrals de *scracht* són un *solo* o un *interludi*?

7. **Escriu en el teu Llibre de Treball l'opció correcta de les preguntes següents:**

- *Da capo* és:

  a) Un signe de repetició.

  b) Un signe de prolongació.

  c) Una indicació de caràcter.

- Com s'anomena el fragment musical col·locat al final d'una obra per a fer més sensació de conclusió?

  a) Pròrroga.

  b) Coda.

  c) Tancament.

- Un fragment musical que precedeix una obra per a preparar l'entrada del tema principal rep el nom de:

  a) Preàmbul.

  b) Presentació.

  c) Introducció.

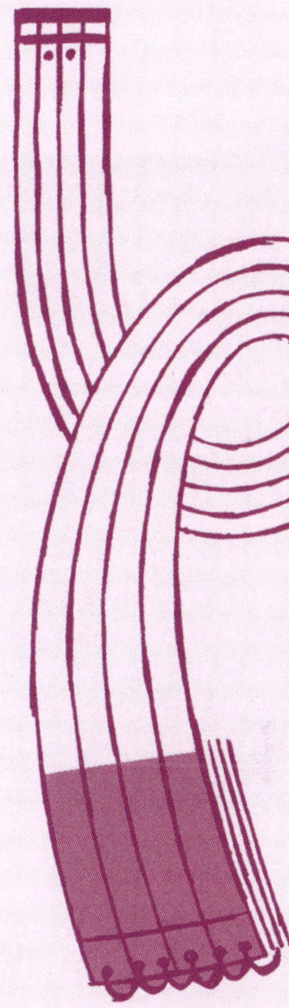

8. **Practica, en el teu Llibre de Treball, l'escriptura musical i copia els exemples següents, sense utilitzar signes de repetició:**

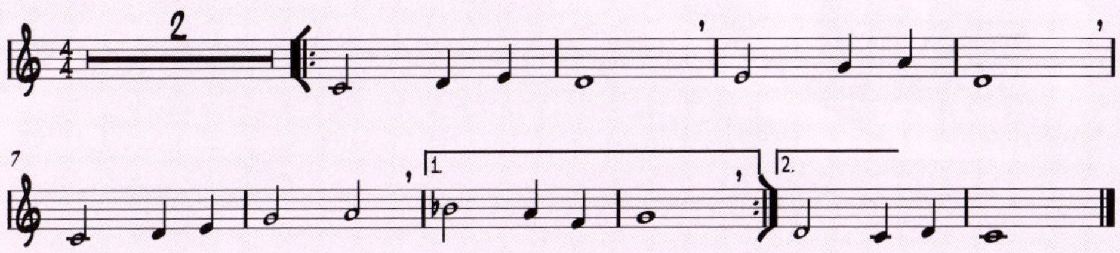

9. **Copia l'exercici següent en el teu Llibre de Treball i escriu les frases que hi falten, és a dir, les seccions que no estan escrites del *rondó* següent. Recorda que cada una de les frases musicals que has de crear són contrastants, és a dir, diferents.**

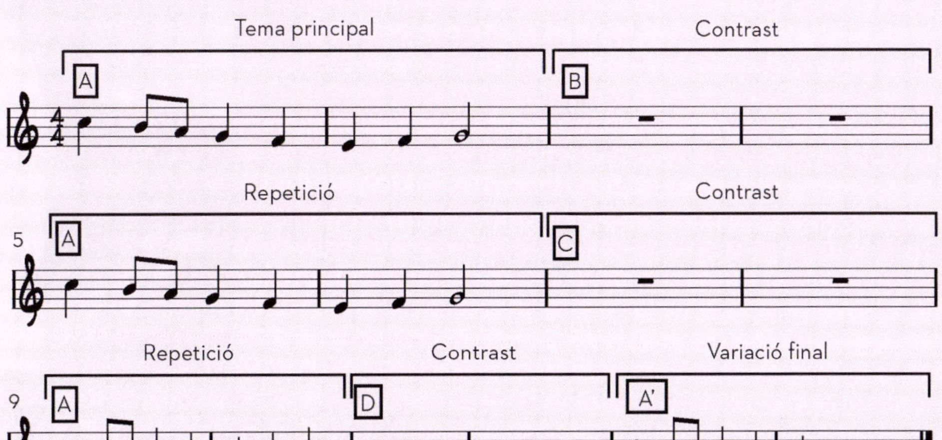

8 LA MÚSICA POPULAR URBANA

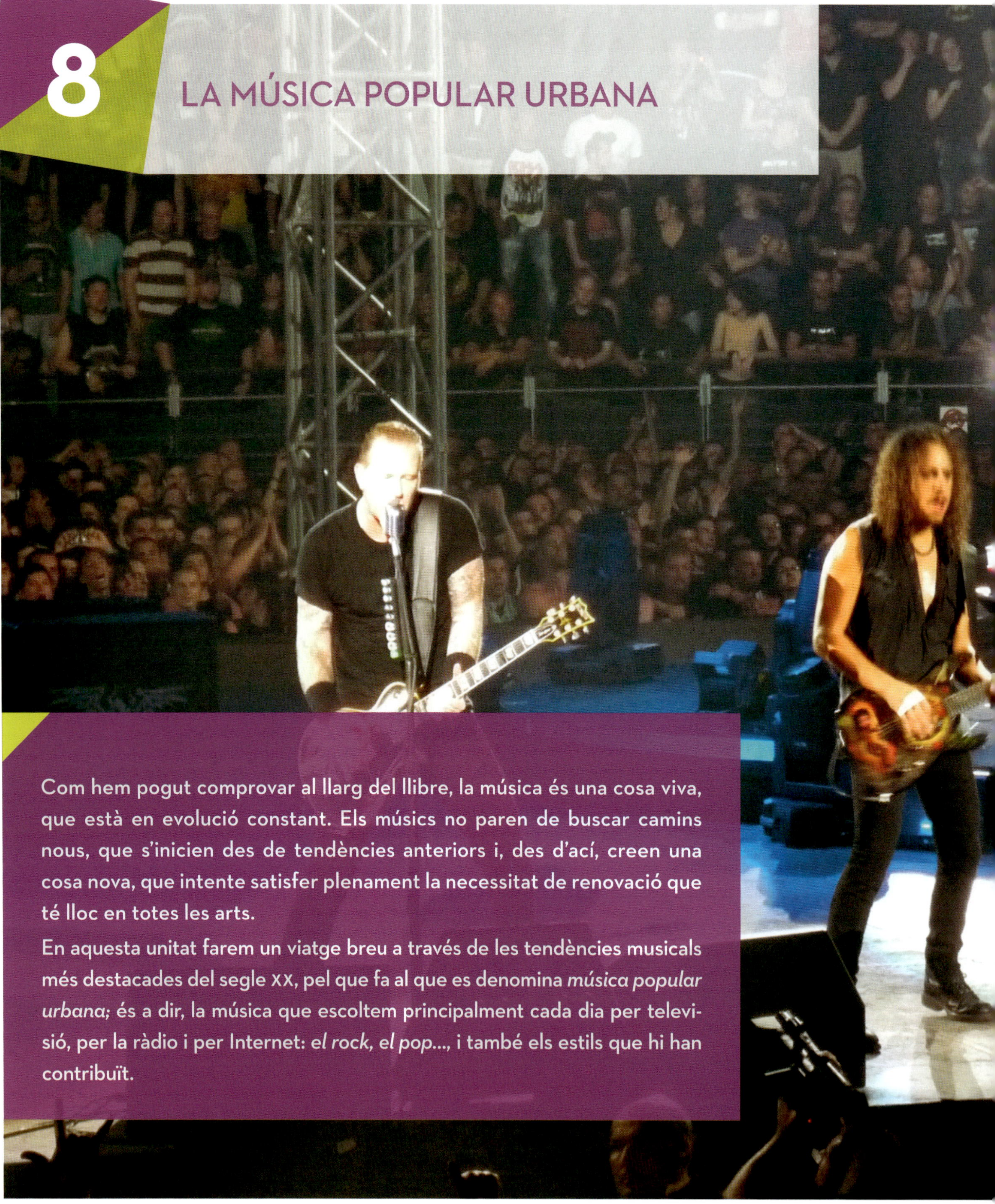

Com hem pogut comprovar al llarg del llibre, la música és una cosa viva, que està en evolució constant. Els músics no paren de buscar camins nous, que s'inicien des de tendències anteriors i, des d'ací, creen una cosa nova, que intente satisfer plenament la necessitat de renovació que té lloc en totes les arts.

En aquesta unitat farem un viatge breu a través de les tendències musicals més destacades del segle XX, pel que fa al que es denomina *música popular urbana;* és a dir, la música que escoltem principalment cada dia per televisió, per la ràdio i per Internet: *el rock, el pop...,* i també els estils que hi han contribuït.

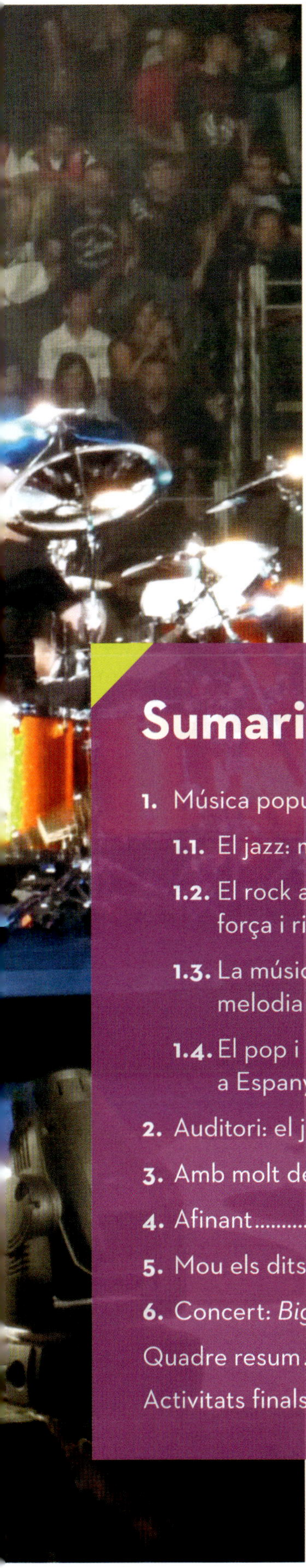

Sumari

Una pel·lícula

***Rebels del swing*, del director Thomas Cartes i amb música de James Horner**

Relata la història d'un grup de joves alemanys que, sota la influència de la passió política i el missatge de llibertat de la música *swing* americana, es rebel·len contra l'ordre establit per la dictadura nazi.

Un festival

El Festival de Jazz de Sant Sebastià *(Jazzaldia)*

Creat el 1966, és un dels esdeveniments internacionals més importants d'aquest tipus de música; pels escenaris del festival han passat, fins ara, més de 1400 músics.

Un llibre

***El jove Lennon*, de Jordi Serra i Fabra (Columna Edicions, 2005)**

Història novel·lada de l'adolescència de **John Lennon,** component de **The Beatles** i un dels personatges més carismàtics i influents del segle passat, que va mostrar en les seues cançons i en les seues idees els sons de diverses generacions.

1 Música popular urbana

1.1. El jazz: música lliure

Si haguérem d'assenyalar quina ha estat l'aportació musical més important dels Estats Units a la història de la música, ens hauríem de decidir clarament pel jazz.

Aquest estil va sorgir al començament del segle XX, a Nova Orleans, al si de la comunitat d'esclaus africans portats al continent americà segles abans. Els esclaus tenien els seus propis cants per a treballar *(worksongs)*, a més de cants religiosos *(espirituals* i *gospel)* i la contribució més destacada al naixement del jazz: el *blues*. De la interacció d'aquestes manifestacions i la música de tradició europea (orquestres de ball, bandes, etcètera) va nàixer el que actualment coneixem com a jazz.

Podem resumir les característiques principals del jazz de la manera següent:

- És un estil en què es fa servir, principalment, la *improvisació;* és a dir, la creació musical lliure i a l'instant.
- Les composicions solen estructurar-se entorn d'un tema principal, que s'escolta només al principi i al final. És la part central en què els músics improvisen realment, en funció d'unes harmonies i d'un nombre determinat de compassos.
- El ritme té una gran importància. Hi predominen els ritmes vius i hi ha, sovint, una gran riquesa polirítmica.
- Es dóna molta importància als «solos», passatges en què cada instrumentista fa la seua improvisació, mentre la resta del grup passen a ocupar un segon pla.

SAPS QUE...

Mitjançant els cants de ***work-songs*** i **espirituals,** els esclaus intentaven fer més suportable la faena tan dura que duien a terme als camps de cotó.

Figura 8.1.
Inspirat en el *fonògraf* creat per **Edison** el 1877, el *gramòfon* va ser el primer gravador reproductor de la història sobre disc pla. Va ser inventat per **Emil Berliner** el 1888.

El jazz, al costat d'una altra sèrie de músiques, es va divulgar ràpidament per Europa gràcies a l'invent del *gramòfon* (Figura 8.1) i de la *ràdio*.

Aquests dos invents van ajudar molt al fet que la música es difonguera a tots els públics i van significar tota una revolució per a la indústria musical i, també, per a la societat en general. Naixia el disc i, amb aquest, la possibilitat d'escoltar música a casa i no únicament en directe.

Entre els músics més destacats de la història del jazz hi ha, com a cantants, **Louis Armstrong, Billie Holliday, Ella Fitzgerald** o pianistes com **Thelonious Monk, Herbie Hancock**, **Chick Corea** i l'espanyol **Tete Montoliu.** Uns quants d'aquests autors els podràs escoltar en l'apartat *Auditori* d'aquesta unitat.

ACTIVITATS

1. **Et proposem que proves els teus dots com a músic de jazz i improvises amb la flauta o el carilló sobre un blues.**

Blusejant

Per a fer-ho, t'oferim una escala molt usada en aquest estil, que consta de cinc notes i s'anomena *pentatònica:*

Escala pentatònica

Pots utilitzar, únicament, aquestes cinc notes per a la teua improvisació. En un primer intent només empraràs ♩ i posteriorment 𝅗𝅥; així, podràs anar complicant la improvisació fins on pugues arribar.

Per a acompanyar la improvisació tens dues opcions:

1. Instrumentació de classe, en què els teus companys t'acompanyaran amb els instruments de làmines indicats en la partitura.
2. O bé, pots fer servir la base gravada, amb un acompanyament de *blues* interpretat per un piano.

Figura 8.2.
B. B. King és un dels guitarristes i compositors de *blues* més famosos de la història.

Figura 8.3.
Guitarra elèctrica. Ha tingut un paper primordial en el desenvolupament del rock. **Leo Fender** va ser qui va dissenyar la primera guitarra elèctrica a mitjan segle XX.

Figura 8.4.
Baix elèctric. Instrument semblant a la guitarra elèctrica, però amb quatre cordes –més gruixudes que les de la guitarra– i un mànec més llarg, que genera un so més greu.

1.2. El rock and roll: força i ritme

Tot va començar amb el *rock and roll* (Figura 8.5). Aquest estil va arribar a convertir-se en un dels fenòmens socials i musicals més importants del segle XX, i el vehicle principal d'expressió de moltes generacions de joves.

El *rock* va nàixer als EUA a mitjan segle XX i, en els orígens, es va nodrir, directament, del *blues* i del jazz.

Però, què és el *rock and roll*? Podríem dir que és una música rítmica i amb força, feta per a ballar i expressar-se lliurement. En aquesta música, no pot faltar-hi un bon cantant, amb el suport de l'instrument de rock per excel·lència: la *guitarra elèctrica* (Figura 8.3), acompanyats d'una *bateria* i d'un *baix elèctric* (Figura 8.4).

El cantant **Elvis Presley** (Figura 8.6) va ser el primer músic consagrat d'aquest estil. Amb el seu popular ball de malucs i el seu rock enèrgic va revolucionar, durant els anys cinquanta, el panorama musical.

ACTIVITATS

15 **2. Escolta un tema d'Elvis Presley, titulat *El rock de la presó*. Pertany a la pel·lícula del mateix títol, en què Elvis va participar també com a actor principal.**

Es tracta de la història d'un presidiari que aprén a tocar la guitarra a la presó i, quan n'ix, es converteix en una estrela del rock.

En la dècada següent, els anys seixanta, el *rock and roll* anirà perdent, progressivament, la seua funcionalitat per a ballar, i la paraula *rock*, en solitari, anirà prenent forma. **The Beatles** i **The Rolling Stones** seran les figures principals del rock. Els primers, incloent-hi elements pop més suaus, i els segons, treballant un estil de rock més enèrgic.

Figura 8.5. Parella ballant rock and roll.

Figura 8.6. Elvis, el rei del rock and roll.

Va ser també durant els anys seixanta que es va forjar el moviment *hippy*, que es rebel·lava contra la societat establida i propugnava ideals de pau i amor a la natura. El rock va tenir un paper primordial en la difusió d'aquest moviment, amb artistes com **Bob Dylan** (Figura 8.7), **Joan Baez, Jimi Hendrix, The Doors** o **The Who.**

Figura 8.7.
Bob Dylan. Poeta i músic nord-americà, és considerat un dels cantautors més representatius del segle XX.

El 1969 es va celebrar el *festival de Woodstock* (Figura 8.8), considerat el concert més emblemàtic de la dècada; en aquest festival van actuar gairebé tots els grans músics de l'època.

Figura 8.8.
Imatge del **concert de Woodstock,** també anomenat el «festival de les flors».

ACTIVITATS

3. Escolta un fragment del famós tema *Knockin' on Heaven's Door,* de **Bob Dylan.** D'aquesta cançó n'han fet versions molts artistes, entre els quals hi ha **Guns N'Roses.**

En la dècada següent, els anys setanta, el món del rock es va diversificar molt i va donar lloc a tendències molt variades: va nàixer el *heavy metal,* amb grups com ara **AC/DC** o **Scorpions** (Figura 8.9); els precursors d'aquest estil van ser la banda de rock britànic **Led Zeppelin.**

Figura 8.9.
Imatge del grup de *heavy metal* Scorpions. El *heavy metal* es caracteritza per un so potent de guitarres elèctriques distorsionades, bateries potents i veus, de vegades, punyents, encara que també hi ha balades de gran qualitat.

ACTIVITATS

4. Els grups *heavies* es vanen de compondre les balades més belles. Comprova-ho escoltant una de les balades més famoses del grup Scorpions (Figura 8.9), ***Still loving you.***

RECORDA

La música ***punk*** és un tipus de rock amb arranjaments senzills i ritme accelerat en què es fan servir, sobretot, lletres amb reivindicacions polítiques i socials.

Un altre corrent important d'aquesta època va ser el *punk*. Com a grups representatius d'aquest estil hi ha **The Sex Pistols** o **The Ramones.**

En aquest període també van aparéixer grups de rock simfònic, estil que utilitza elements de la música clàssica en què es fan servir sintetitzadors, pianos, orgues Hammond, etc. Alguns grups representatius d'aquesta varietat del rock són, entre altres, **Pink Floyd, Genesis, Supertramp, Yes, Emerson, Lake and Palmer,** etc.

Durant els anys huitanta va nàixer una altra manera de donar a conéixer la música al gran públic: *el videoclip,* curtmetratge musical destinat a promoure cançons i artistes.

Aquesta tècnica ofereix als músics la possibilitat de mostrar els seus treballs per mitjà de la televisió. En aquesta dècada van triomfar, entre altres, grups com **Dire Straits, U2, REM, Guns N'Roses** o **Iron Maiden.**

Al llarg dels anys noranta va sorgir una tendència nova, el *grunge*. Aquest estil nou va nàixer a Seattle (EUA) i va consistir en una mescla de rock i *punk*, amb un so potent i el predomini rítmic de les guitarres. A partir de l'emissió del tema *Smells Like Teen Spirit* del grup nord-americà **Nirvana,** el *grunge* es va convertir en una de les variants del rock més rellevants de tota la dècada. Altres grups significatius d'aquest estil van ser **Soundgarden** i **Pearl Jam.**

Actualment, tenim com a element significatiu del rock l'anomenada *música alternativa* o *rock alternatiu*. Aquest terme s'utilitza per a incloure-hi grups allunyats del rock més clàssic, que dirigeixen la seua música a audiències no molt nombroses. No obstant això, la música alternativa té elements del rock, del pop, del *punk* i del *grunge,* sense arribar a tenir un so que el diferencie clarament del rock tradicional.

1.3. La música pop: melodia i senzillesa

Si en el rock hi ha força i ritmes enèrgics, en la *música pop* predominen melodies senzilles i apegaloses que, gairebé immediatament, ens podem posar a taral·larejar.

Un dels trets principals és que es tracta d'una música dirigida a un públic molt nombrós. Encara que s'hi utilitzen els mateixos instruments musicals, la sonoritat que s'hi obté és molt més suau i menys agressiva.

La música pop va nàixer també a mitjan segle XX i va sorgir directament des del rock. Tots dos van ser els primers estils que es van beneficiar del naixement del *single* o senzill.

A més de **The Beatles** (Figura 8.10), hi ha altres grups, com els californians **The Beach Boys,** amb la filosofia del surf i la platja com a bandera.

SAPS QUE...

El ***single*** era a l'origen un disc de vinil de durada curta, incloïa una cançó per cada cara. En l'actualitat, en el món de la ràdio, aquest terme s'utilitza per a designar un tema musical, que sol convertir-se en tot un èxit comercial.

Figura 8.10.

The Beatles van suposar tota una revolució social i comercial. Van vendre milions de còpies i, encara hui en dia, la seua música està molt present en la nostra cultura. Fins i tot s'ha editat un videojoc que permet experimentar amb les seues guitarres, el baix, les veus, etc.

Coincidint amb el moviment *hippy* també tenim, durant els anys seixanta, el duo nord-americà **Simon and Garfunkel,** que va ser guardonat amb tres premis Grammy.

ACTIVITATS

5. L'aparició de The Beatles va revolucionar el panorama musical dels anys seixanta; van arrasar en les llistes de vendes i va nàixer el fenomen de la beatlemania. En Internet pots consultar moltes pàgines web dedicades a aquest grup mític. Investiga una mica més sobre ells i intenta esbrinar:

- El nom dels components i el paper que exercien en el grup.
- El nom del seu primer senzill.
- La data en què es va dissoldre el grup.

Escolta un dels seus temes titulat *Can't buy me love.*

No obstant això, l'època més important de la música pop van ser els anys huitanta. En aquest període es va consagrar com l'estil més popular, amb músics com ara **George Michael, Duran Duran, Spandau Ballet, New Kids on the Block** i, per descomptat, **Michael Jackson** (Figura 8.11) i **Madonna.**

Aquests músics van utilitzar el *videoclip* com a plataforma de llançament dels seus èxits musicals, i van arribar a xifres de vendes desconegudes fins aleshores.

En l'actualitat, el pop està ple d'influències molt variades: música electrònica, música celta, música clàssica, música llatina, etc., i és difícil identificar aquest estil amb grups concrets.

Figura 8.11. **Imatge de *Thriller* de Michael Jackson.** Aquest videoclip va establir una nova manera de fer els vídeos musicals. Pots veure un fragment d'aquest vídeo en la web.

1.4. El pop i el rock a Espanya

Serà al final del període franquista que el pop i el rock espanyols naixen com una manera d'expressar la transició envers la democràcia.

Durant aquests anys va sorgir l'anomenada *movida* madrilenya, un moviment cultural que va nàixer a la capital d'Espanya i que es va projectar en la música, en la pintura, en la fotografia, en la literatura i en el cinema.

Ràpidament, aquesta «movida» es va estendre cap a altres llocs del país, i va generar l'apogeu del pop i del rock espanyols.

Van formar part d'aquest moviment artistes com el cineasta **Pedro Almodóvar** o els cantants **Alaska** (Figura 8.12), **Gabinete Caligari, Radio Futura, Mecano, La Unión, Nacha Pop, Los Secretos** i **Loquillo,** entre altres.

Figura 8.12. **Alaska,** una de les icones del pop a Espanya.

ACTIVITATS

6. **El tema que escoltaràs a continuació es va convertir en tota una icona del pop espanyol. Pertany al grup Burning i es titula *¿Qué hace una chica como tú en un sitio como este?***

2 Auditori: el jazz

A. Les dades

El jazz va sorgir al cor de la població negra de Nova Orleans i va ser una combinació dels elements musicals que hi confluïen: la *tradició afroamericana*, els *espirituals* i la *música de la població blanca*, amb les seues bandes militars i les orquestres de ball d'origen europeu. Una de les característiques del jazz és la *improvisació*; és a dir, la invenció de música en el moment en què es toca.

Entre el 1870 i el 1930 es van posar els primers fonaments del que és el jazz actual: el *ragtime* (estil pianístic que combina la música de ball amb la tècnica del banjo), el *blues* (expressió de dolor dels esclaus i la base del primer jazz), l'estil *dixieland* (imitació primerenca del jazz de Nova Orleans pels músics blancs) i *Chicago* (on trobem un dels músics més carismàtics del jazz de tots els temps, **Louis Armstrong** [Figura 8.13]).

Figura 8.13.
Louis Armstrong, compositor i trompetista de jazz.

A partir del 1930 es van succeir el *swing* (el jazz es comercialitza i els grups creixen fins que esdevenen una *big band*, gran banda «espectacle»; el *swing* va dominar la música de ball i el cinema), el *be bop* (jazz de tipus experimental, que es deslligava de l'estil ballable anterior), el *jazz cool* (jazz «fresc», reacció a l'estil intel·lectual del *be bop*), el *free-jazz* (pròxim a la música contemporània i allunyat dels elements tradicionals del jazz) i la *fusió* (mescla del jazz amb altres estils, com el rock o el flamenc).

B. La música

A continuació, farem una passejada breu per aquests sons que han fet del jazz una música vibrant i en evolució contínua.

- **Scott Joplin,** famós pels seus *ragtime*. Escolta un fragment de *The Entertainer*, famós perquè es va incloure en la genial pel·lícula *El colp*.
- **Louis Armstrong,** trompetista i cantant. Amb algunes de les seues gravacions va posar els fonaments del jazz posterior. Escolta la seua versió de *Mack the knife*.
- Amb **Glenn Miller** ens endinsem en el món del *swing* i de les *big band*. En *In the mood* hi ha alguns dels *riff orquestrals* més famosos de la música jazz.
- **Charlie Parker:** escolta un fragment d'*Ornithology*.
- **Miles Davis** (Figura 8.14). Va participar del *be bop*, del *cool*, de l'avantguarda i, fins i tot, de la fusió amb el rock i el flamenc. Escolta *Rocker*, del disc *Birth of the cool*.
- **Chick Corea** està considerat un dels grans pianistes de jazz des del 1960. Ha fusionat el jazz amb altres estils i té predilecció per la música espanyola. Escolta *Night streets*, del disc *My spanish heart*.

Figura 8.14.
Miles Davis, trompetista i una de les figures més influents de la història del jazz.

3 Amb molt de ritme

En aquesta lliçó estudiarem el *treset de corxeres:*

El treset és un «grup irregular» que consisteix a substituir dues figures iguals per tres de la mateixa espècie. Se subdivideix la negra en tres corxeres, en compte de dues.

Exercici 1

Exercici en eco: escolta cada proposta rítmica d'un compàs, i repeteix-la a continuació.

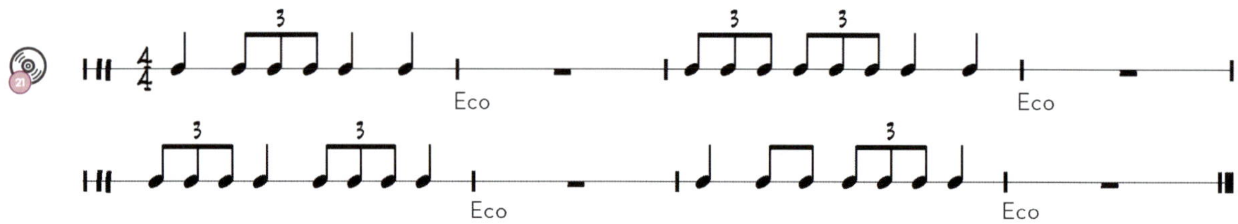

Exercici 2

Exercici 3

Fes l'exercici següent de percussió corporal:

Exercici 4

Practica el patró de bateria següent:

4 Afinant

A. Lectura musical

Afegim la nota *mi* del 4t espai del pentagrama a les ja estudiades.

B. Repertori

Ara cantarem una cançó del grup Mecano que ja has escoltat en la Unitat 4 del llibre cantada en dues versions. Es tracta del tema *Hijo de la luna*. Interpreteu-la sobre l'acompanyament mirant de vigilar molt l'afinació i fent una bona emissió de la veu.

Tonto el que no entienda.
Cuenta una leyenda
que una hembra gitana
conjuró a la luna
hasta el amanecer.
Llorando pedía
al llegar el día
desposar un calé.
Tendrás a tu hombre,
piel morena,
desde el cielo
habló la luna llena.
Pero a cambio quiero
el hijo primero
que le engendres a él.
Que quien su hijo inmola
para no estar sola
poco le iba a querer.

TORNADA

Luna quieres ser madre
y no encuentras querer
que te haga mujer.
Dime, luna de plata,
qué pretendes hacer
con un niño de piel.
A-ha-ha-ha, a-ha-ha-ha,
hijo de la luna.

De padre canela
nació un niño
blanco como el lomo
de un armiño,
con los ojos grises
en vez de aceituna
niño albino de luna.
«¡Maldita su estampa!
este hijo es de un payo
y yo no me lo callo.»

TORNADA

Gitano al creerse deshonrado,
se fue a su mujer,
cuchillo en mano.
«¿De quién es el hijo?
Me has 'engañao' fijo.»
y de muerte la hirió.
Luego se hizo al monte
con el niño en brazos
y allí le abandonó.

TORNADA

Y las noches
que haya luna llena
será porque el niño
esté de buenas.
Y si el niño llora
menguará la luna
para hacerle una cuna.
Y si el niño llora
menguará la luna
para hacerle una cuna.

Figura 8.15.

Grup Mecano, icona de la música pop dels huitanta.

5 Mou els dits

En aquesta unitat afegirem, al que hem aprés, tres elements nous: el *mordent,* el *trinat* i la nota *fa sostingut.*

El **mordent** (𝆗) consisteix en el batec ràpid de la nota superior. Per a interpretar-lo en la flauta, alçarem el dit ràpidament i tornarem a col·locar-lo immediatament sobre la nota original.

Per a fer el **trinat** (tr~~) durem a terme una alternança ràpida de la nota real amb la superior. L'efecte resultant és semblant al refilet dels ocells.

En els acompanyaments del CD gaudirem de les ambientacions següents:

- *Acompanyament exercici 1* i *2.* Hi podem escoltar els instruments tradicionals següents del Japó i de la Xina: *koto, taiko* i *sakuhachi* (Figura 8.16).
- *Acompanyament dedicat als exercicis 3* i *4.* Consisteix en una fusió en què s'entremesclen diferents estils musicals. En aquesta audició escoltaràs, la *flauta de Pan* (Figura 8.17).

Exercici 1

Exercici 2

Exercici 3

Exercici 4

Figura 8.16.
Sakuhachi. Flauta vertical japonesa construïda amb bambú.

Figura 8.17.
Flauta de Pan. Composta per uns quants tubs de canya; cada un està destinat a una nota diferent.

6 Concert

La peça que interpretaràs aquesta vegada està dedicada a un dels grans del jazz de tots els temps, **Duke Ellington.** Pianista, compositor, director d'orquestra, Edgard Kennedy Ellington va nàixer a Washington el 29 d'abril de 1899.

Va començar a estudiar piano a 7 anys. Va formar una orquestra els membres de la qual el van acompanyar durant molts anys. Van tocar al Cotton Club del 1927 al 1932, amb tant d'èxit que, quan l'orquestra va fer la seua primera gira europea el 1933, ja era l'orquestra més famosa del món. Ellington va fer gires fins a la seua mort el 1974. Al llarg de la seua carrera va rebre nombrosos honors i distincions.

Big «Duke» Band

28 29

Música: JOSÉ PALAZÓN

Figura 8.18.

Duke Ellington al piano en una sessió d'improvisació.

QUADRE RESUM

La música popular urbana

- **El jazz**
  - **El blues**: Cants per a treballar que interpretaven els esclaus africans als EUA.
  - **El jazz**: Estil que prové del blues. El tret principal n'és la improvisació.
- **El rock**
  - **Rock and roll**: Música rítmica, amb força, feta per a ballar.
  - **Anys seixanta**: Influència del pensament *hippy* en la música.
  - **Anys setanta i huitanta**: Noves tendències en el rock: *punk*, *heavy metal*, rock simfònic...
  - **Anys noranta**: *Grunge*. Rock alternatiu.
- **El pop**
  - **Característiques**: Melodies senzilles, apegaloses. S'hi empren els mateixos instruments que en el rock, però d'una manera més suau.
- **El pop i el rock a Espanya**
  - **Movida madrilenya**: Va afavorir l'apogeu del rock i del pop a Espanya.

ACTIVITATS FINALS

1. Escriu en el teu Llibre de Treball les característiques principals del jazz que has estudiat en la unitat.

2. Enumera els instruments musicals que són més utilitzats en la música de jazz.

3. Anomena quatre músics de jazz famosos.

4. Qui va dissenyar la primera guitarra elèctrica de la història?

5. Defineix en el teu Llibre de Treball en què consisteixen el *heavy metal* i el *punk*.

6. A continuació, hi ha els noms de diversos artistes i grups de música; relaciona cada un en el teu Llibre de Treball amb l'estil corresponent.

MÚSICS	ESTILS
Scorpions •	• Rock simfònic
Louis Armstrong •	• Pop espanyol
Nirvana •	• *Grunge*
Rolling Stones •	• Rock
Nacha Pop •	• Jazz
Genesis •	• *Heavy metal*

7. Busca en Internet en què va consistir l'anomenada *movida* madrilenya i intenta definir amb les teues paraules aquest moviment cultural.

8. Completa les frases següents recopilant informació d'aquesta unitat:
   - Els *worksongs* eren cants que...
   - Els músics de jazz improvisen, sobretot, en la part de la peça...
   - El primer aparell capaç de gravar i de reproduir música es va anomenar...
   - Els instruments principals del rock són: guitarra elèctrica i...
   - El grup **Pearl Jam** és un grup de...
   - Un dels videoclips més famosos de la història del pop ha estat... de...

9. Escriu en el teu Llibre de Treball el nom dels teus grups preferits de *rock*, de *pop*, de *hip-hop*, etc. Tria el que més t'agrade de tots i resumeix en un paràgraf breu què en saps.

10. Anomena altres estils de música popular urbana que s'han explicat en altres unitats del llibre i que no esmentem en aquesta.

11. **T'agradaria crear un grup de música amb els teus amics? Quins penses que serien els passos que caldria seguir? Anota'ls en el teu Llibre de Treball.**

12. **Llig l'article sobre pirateria musical que hi ha a continuació. Debateu ordenadament en classe aquest tema. Pots seguir com a guia les qüestions que et proposem a continuació.**

- Com creus que afecta, la pirateria, els músics i la indústria?
- D'on penses que prové el problema? Et semblen massa cars els CD?
- Penses que la pirateria és un problema per a la música en general?, o creus que, al marge d'aquesta situació, els músics continuaran creant música?
- Se t'acut cap solució?

La pirateria musical, un virus mortal?

En l'actualitat, la indústria discogràfica s'enfronta al pitjor enemic que ha tingut mai: la pirateria, que té el caldo de cultiu tant en els programes d'intercanvi d'arxius per Internet com en les vendes ambulants de CD pirates («top manta»).

La diferència de preu respecte de l'original i, sobretot, la comoditat d'aconseguir música gratuïta des del mateix domicili, han permés que els anomenats programes d'ordinador P2P estiguen instal·lats en la majoria de les cases que tenen accés a la Xarxa. Això ha comportat una disminució dels beneficis de les grans discogràfiques, la minva conseqüent d'ingressos per als artistes i, fins i tot, la fallida de petites productores.

La situació ha arribat a un extrem tal, que algunes de les grans companyies discogràfiques estudien a hores d'ara la viabilitat econòmica de regalar la música per mitjà de descàrregues gratuïtes en les seues pròpies webs, i obtenir els beneficis únicament a través de la publicitat inserida en aquestes pàgines.

13. **Componeu la vostra pròpia cançó. Per a fer-ho, seguiu aquests passos:**

- Formeu grups de tres persones o quatre.
- Trieu l'estil (pop, rock, *hip-hop*, flamenc, etc.) i el tema de què ha de tractar la cançó (ecologia i natura, tolerància, amor...).
- Elaboreu la lletra. Podeu guiar-vos per l'esquema següent:

Lletra	Estrofa 1	Estrofa 2	Tornada	Estrofa 3	Estrofa 4	Tornada
Música	A	A	B	A	A	B

- Inventeu la melodia, taral·larejant-la.
- Canteu la cançó a la resta de la classe.

9 EL FOLKLORE MUSICAL

Al llarg de la història, la **música** ha format part de la vida de l'home, l'ha acompanyat en les seues activitats quotidianes i n'ha animat les festes, les celebracions i tota mena d'esdeveniments socials i religiosos.

Sorgeix, així, una música que naix del poble, de la tradició, associada als seus gustos i als seus costums. Cada cultura, cada nació o cada regió, arreu del món, té una música que la identifica, que expressa les seues peculiaritats i els seus trets propis.

En aquesta unitat ens endinsarem en el ric i variat folklore musical de l'Estat espanyol, que hem de conéixer i respectar com a part del nostre patrimoni cultural.

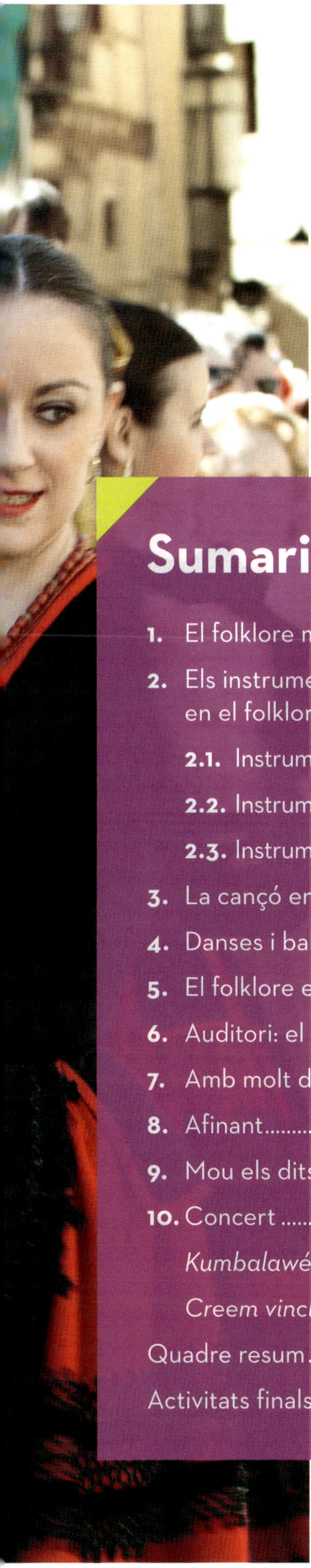

Sumari

Un espectacle

Le Cirque du Soleil (el Circ del Sol) ha reinventat el circ amb un espectacle basat en la creativitat i en la innovació, en què les grans acrobàcies es mesclen amb escenografies ben suggeridores, efectes de llum i color i música original.

Una pel·lícula

***Flamenco*, de Carlos Saura (1994)**

Pel·lícula documental que va obrir al món tota la llum del flamenc. Reuneix en cent minuts de ball i música els millors artistes en moments irrepetibles per a la història del flamenc: **Farruco** amb **Farruquito, Chocolate, Paco de Lucía, Joaquín Cortés, Mario Maya, Fernanda de Utrera, Manuela Carrasco, Belén Maya...**

Un llibre

***Dando la nota*, de Lawrence Lindt. Ediciones Robinbook**

Recopilació ben divertida d'algunes anècdotes i acudits relacionats amb el món de la música i els músics.

1 El folklore musical

SAPS QUE...

Els orígens del terme *folklore* es remunten a mitjan segle XIX. Prové de l'anglés: **folk** (poble) i **lore** (ciència) i es refereix al conjunt de manifestacions de la cultura tradicional d'un poble.

El terme **folklore** s'utilitza per a designar les tradicions, els costums i les creences populars relacionades amb una zona geogràfica determinada (poble, país, regió...). D'aquesta manera, podem parlar del folklore argentí, de l'hongarés, del valencià, etc.

En aquesta unitat coneixerem una mica millor el nostre *folklore musical,* és a dir, els *cants,* les *danses* i els *instruments tradicionals* característics del nostre país. Al llarg dels segles, Espanya ha estat habitada per diferents pobles i cultures, que ens han llegat una gran part de la seua tradició musical i que han convertit el folklore espanyol en un dels més variats i rics del món.

Hi ha una sèrie de característiques comunes a totes les manifestacions de la *música tradicional,* independentment d'on procedisquen, que són:

- La **funció:** acompanyar tot tipus d'activitats (faenes del camp, faenes de casa, jocs, festivitats...).
- Són **anònimes:** no es coneix el nom de l'autor, es consideren un fruit de la col·lectivitat.
- **Es transmeten de manera oral:** de generació en generació. Això fa que es vagen adaptant i transformant al llarg de la història, però, a més, planteja un problema: moltes s'han perdut amb el pas del temps. Tot i que els estudiosos del folklore han aconseguit recuperar i recopilar una gran quantitat de material, que ens permet conéixer la música que acompanyava els nostres avantpassats i que, encara hui, perdura.

WEB DE RECURSOS

Podràs trobar informació addicional sobre **Manuel de Falla** en la web de recursos.

Figura 9.1.
Arreu del món podem contemplar manifestacions folklòriques molt diverses.

El folklore musical també ha estat la font d'inspiració per a l'anomenada *música culta.* Molts compositors s'han inspirat en la música tradicional per compondre algunes de les seues obres, com és el cas de l'espanyol **Manuel de Falla.** Les melodies i els ritmes populars de la música tradicional han servit de base per a moltes obres musicals. Aquest fet té la màxima expressió en els *nacionalismes musicals* dels segles XIX i XX, en què la música constitueix un mitjà per a fer acréixer el sentit nacional.

ACTIVITATS

1. **Què coneixes del folklore de la zona on vius? Investiga-ho i escriu una ressenya breu sobre els costums i les tradicions de la teua zona. Pots parlar des de festes pròpies fins a menjars típics, passant per expressions o frases característiques, etc.**

2 Els instruments musicals en el folklore

Al llarg de tota la geografia espanyola podem trobar una gran varietat d'instruments tradicionals, és a dir, els que s'utilitzen en la música folklòrica.

N'hi ha uns quants que estan molt estesos per tota la península, mentre que uns altres són més característics d'unes zones determinades. Perquè et puga ser més fàcil estudiar-los, els hem agrupat per famílies.

Figura 9.2.
A Espanya són molt populars les estudiantines universitàries, agrupacions musicals d'estudiants en què podem trobar alguns d'aquests instruments.

2.1. Instruments de corda

L'instrument més popular és la *guitarra,* que se sol associar al folklore andalús, encara que es fa servir de manera generalitzada en tota la música tradicional espanyola. Al costat del *llaüt* i de la *bandúrria,* sol estar present en les *rondalles* (agrupacions musicals molt característiques del folklore musical espanyol formades, principalment, per instruments de corda).

Altres instruments tradicionals són el *saltiri* (Figura 9.3), la *viola de roda* (Figura 9.4), característica de Galícia, el *guitarró canari* (Figura 9.5), instrument de forma semblant a la guitarra, però més menut i amb un nombre més reduït de cordes, i el *rabec* (Figura 9.6), mena de violí d'herència àrab.

Figura 9.3.
El **saltiri** es toca percudint-ne les cordes amb una baqueta. En castellà s'anomena *chicotén, salterio* a Castella o *tun-tun* a Euskadi.

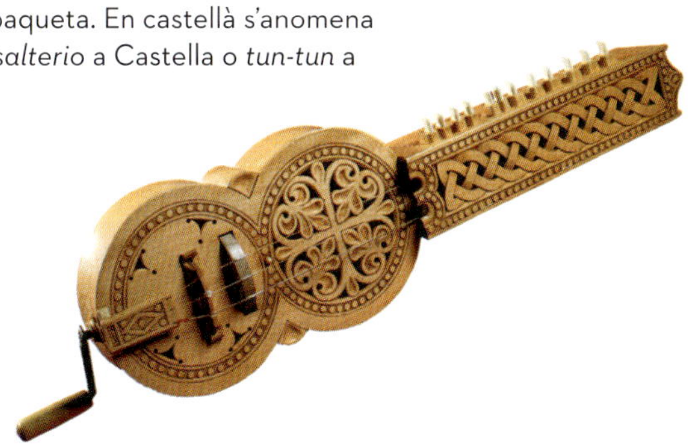

Figura 9.4.
La **viola de roda** o *samfoina* és un instrument d'origen medieval tocat per dues persones que el sostenien sobre les cames; una en feia girar la roda i l'altra n'accionava el teclat.

Figura 9.5.
El **guitarró canari** és un instrument musical originari de les illes Canàries. Té unes dimensions reduïdes i pot incloure quatre cordes o cinc.

Figura 9.6.
El **rabec** és un instrument musical de corda fregada introduït probablement pels àrabs a la península.

Figura 9.7. El **txistu.**

2.2. Instruments de vent

La manera com obtenen el so és semblant a la dels instruments de vent de fusta que hem estudiat en la Unitat 5; així, podem distingir:

- De *bisell* (semblants a la flauta): el *txistu* basc (Figura 9.7) o el flabiol català (Figura 9.8). Aquest últim forma part de les anomenades «cobles» (agrupacions de música tradicional de Catalunya) i és molt usat també a les illes Balears.
- De *llengüeta senzilla* (a la manera del clarinet): l'alboc (Figura 9.9), característic del País Basc.
- De *llengüeta doble* (com l'oboé): la dolçaina (Figura 9.10), molt estesa per la península (les dues Castelles, la Comunitat Valenciana, Aragó...), o la *caramella*.

Figura 9.8. El **flabiol.**

Un instrument molt utilitzat en les xarangues i per carnestoltes és el mirlitó o *kazoo*, una canya buida perforada al mig i amb un dels extrems tapat amb paper de fumar; en cantar, el paper vibra i modifica el so.

Finalment, no podem acabar l'apartat sense referir-nos a la gaita. Si bé sempre s'ha associat amb la música celta, l'origen és difús i l'ús està molt estés, no sols per tota la geografia espanyola, sinó en moltes altres parts del món. A Espanya, destaquen principalment la gaita gallega i l'asturiana.

Figura 9.9. L'**alboc.**

La gaita (Figura 9.11) és compon d'un sac de cuir on s'emmagatzema l'aire; aquest s'insufla per mitjà d'un tub menut o embocadura, que té una vàlvula interior per a impedir que l'aire retrocedisca. En estrényer aquest sac, l'aire ix per dos conductes: l'un, un tub cònic amb forats que té en l'extrem superior una pipa de doble canya que vibra; l'altre, un tub llarg i cilíndric amb una canya amb llengüeta simple, que produeix una nota mantinguda que fa de bordó a la melodia executada en el tub cònic.

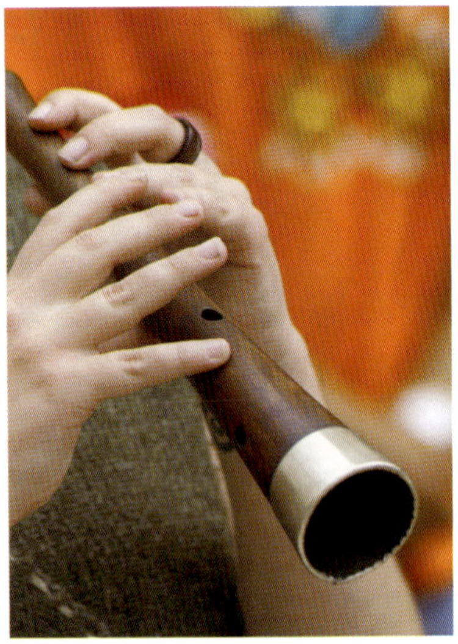

Figura 9.10. La **dolçaina.**

Figura 9.11. La **gaita.**

2.3. Instruments de percussió

Els instruments de percussió són els instruments tradicionals més abundants i variats del nostre folklore. Alguns els coneixes ja, com ara les *castanyoles* (amb diferents variants com les *postisses* murcianes o les *chácaras* canàries), els *esquellots*, la *pandereta* o el *pandero* (que podem trobar tant redó com quadrat).

Un altre instrument l'ús del qual està molt estés per tota la península és el *tamborí* (Figura 9.13), que existeix en diferents varietats de grandària i que en els orígens solia tocar-se associat a una flauta de tres forats.

Uns altres instruments que podem destacar són el *xerrac* (Figura 9.14) i la *matraca*, molt utilitzats durant la Setmana Santa; la *bandúrria d'ossos* o *guitarra de canya*, anomenada així perquè està formada per un conjunt de canyes, bastons o ossos lligats entre si, que es fan sonar fregant-los amb una castanyola; la *simbomba* (Figura 9.15), molt utilitzada sobretot en Nadal i carnestoltes; o la *txalaparta* (Figura 9.16), instrument molt característic de Navarra i del País Basc.

Finalment, també és freqüent en la música tradicional l'ús d'uns estris o objectes quotidians determinats com a instruments de percussió, com és el cas del *morter* i la *botella d'anís*, entre altres.

Figura 9.12.
Imatges de **tamborinades.** Durant la Setmana Santa, en algunes localitats d'Albacete i de Múrcia (com ara, Hellín, Mula, etc.) es reuneixen milers de persones tocant el tambor alhora.

Figura 9.13. El **tamborí.**

Figura 9.14. El **xerrac.**

Figura 9.15. La **simbomba.**

Figura 9.16. La **txalaparta.**

3 La cançó en el folklore

Les cançons del folklore musical espanyol es caracteritzen per una gran riquesa rítmica i melòdica. N'hi ha de temes molt variats; a continuació, en tens una mostra dels tipus més representatius:

- **Cançons de Nadal:** com ara les nadales i les pastorals.
- **Cançons de carnestoltes:** amb lletres de contingut crític i humorístic, que ironitzen o fan burla d'uns aspectes determinats de la realitat social del moment. Destaquen, per exemple, les xirigotes (Figura 9.17) de Cadis o les de les illes Canàries.
- **Cançons de fer faenes:** sobretot referides a faenes agrícoles (la sega, la collita, la verema).
- **Cançons de bressol:** són melodies per a fer adormir xiquets menuts. Reben diferents noms segons la regió: non-non, cançó de bressol, *lo-kantak* (País Basc), *nana* o *arroró* (en castellà).
- **Cançons infantils:** per a acompanyar jocs (en rogle, saltar a la corda, etcètera).
- **Cançons de ronda:** en què els joves enamorats expressen el seu amor. Solen interpretar-se acompanyades d'una rondalla (bandúrries, guitarres, llaüts...).
- **Albades:** música o cançons que es fan a la porta d'una casa, a punta d'alba o de nit, per a obsequiar algú.
- **Cançons de tema religiós:** com ara romiatges o romeries, salves i cançons rogatives (pregàries públiques fetes a Déu perquè ploga o hi haja una bona collita).
- **Cançons de quintos:** els quintos eren els joves de la mateixa edat que havien d'incorporar-se al servei militar obligatori. Per a acomiadar-se de les xiques del poble, tenien el costum de reunir-se i de rondar-les mentre cantaven cançons que componien especialment per a l'ocasió.

CURIOSITATS

A Andalusia i a Extremadura són típiques les agrupacions de ***campanilleros,*** que canten cançons de caràcter religiós que acompanyen amb guitarres, campanetes i altres instruments.

En la regió de Múrcia destaquen les germandats d'**Auroros,** que els diumenges a la matinada (les despertes) o les nits de cant, ixen a cantar salves a la Mare de Déu, a Crist i als sants, acompanyats de campanes.

SAPS QUE...

Les cançons populars es recopilen en uns llibres anomenats **cançoners.**

Figura 9.17. Xirigota de Cadis.

4 Danses i balls d'Espanya

La dansa ha estat present, des de temps remots, en la vida de l'ésser humà, vinculada als seus costums, a les seues celebracions i a les seues tradicions. Espanya és un país molt ric pel que fa a danses i balls folklòrics. Algunes són comunes a diferents zones geogràfiques, encara que tenen singularitats pròpies i exclusives de cada regió. A continuació en tens unes quantes:

> **WEB DE RECURSOS**
>
> En la web podràs trobar més informació sobre la gran varietat de balls típics que hi ha a Espanya.

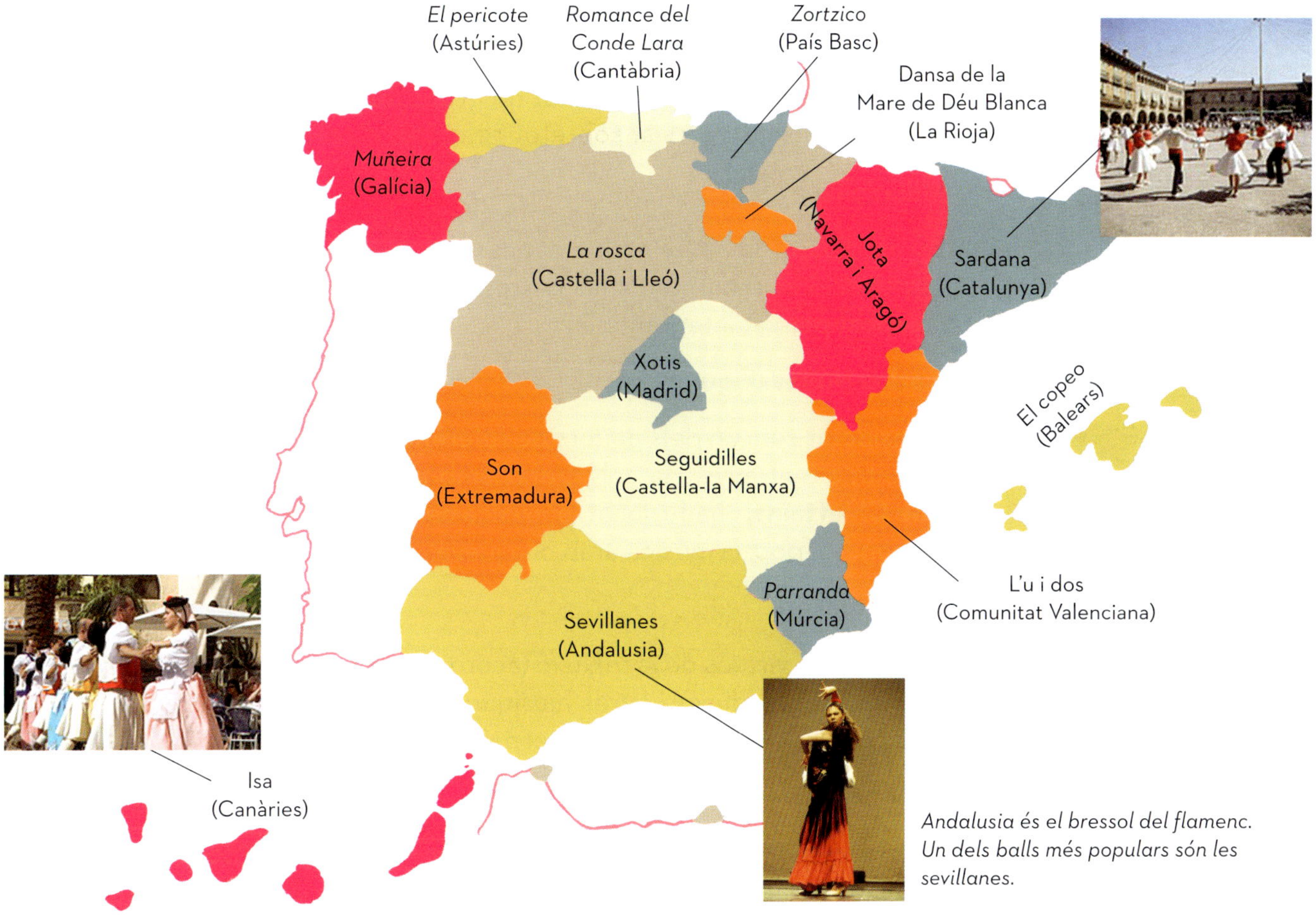

Andalusia és el bressol del flamenc. Un dels balls més populars són les sevillanes.

Figura 9.18. Balls folklòrics típics de les diferents regions espanyoles.

ACTIVITATS

2. **Com has pogut comprovar, tenim una gran varietat de danses i només n'hem mencionat unes quantes, potser les més representatives. Investiga tu ara una de les danses anteriors o alguna altra de la Comunitat Valenciana.**

   Esbrina'n l'origen, les característiques de la música, els instruments musicals que s'utilitzen per a acompanyar-la, com és el ball (nombre de ballarins, passos...), els vestits típics, etc.

> **SAPS QUE...**
>
> A Espanya hi ha una gran quantitat d'**agrupacions de cors i danses,** i també festivals nacionals i internacionals de folklore, que contribueixen a difondre el variat i ric folklore dels pobles d'Espanya i d'altres països.

5 El folklore en la música actual

En l'actualitat, molts elements de la música tradicional s'han incorporat al rock i al pop, i han sorgit tendències musicals noves en què les melodies i els ritmes populars de la música folklòrica i els seus instruments han tingut una gran rellevància.

En general, per a referir-se a aquest tipus de músiques es parla de *música folk* o música d'arrel, si bé la terminologia i les classificacions que se solen emprar són una mica confuses.

A Espanya hi ha una gran quantitat de grups *folk*; a continuació te'n diem només uns quants com a exemple:

- **Milladoiro**

  És un dels grups més emblemàtics de la música gallega. Els orígens de l'agrupació es remunten a les darreries dels anys setanta; actualment està compost per set integrants.

- **Carlos Núñez** (Figura 9.19)

  Considerat com un dels gaiters de referència del món. Va començar a tocar la gaita a huit anys. Ha col·laborat amb nombrosos músics i artistes, com **The Chieftains,** i ha fusionat la música celta amb estils tan diferents com el flamenc, el pop, la música àrab o la jueva.

- **Kepa Junkera**

  Músic basc i virtuós de la *trikitixa* (acordió diatònic). Ha sabut unir la tradició musical d'Euskadi amb altres músiques, com el *jazz*, la música clàssica o la música folklòrica d'altres llocs del món.

- **Luar na Lubre** (Figura 9.20)

  Formació que va irrompre amb força en el panorama de la música *folk* i tradicional gallega l'any 1986, tot i que van saltar a la fama el 1992, arran del fet que el conegut músic britànic d'ascendència irlandesa, Mike Oldfield, s'interessara per la seua música.

Figura 9.19.
Carlos Núñez, considerat un dels millors gaiters del món.

Figura 9.20.
Luar na lubre, és una de les formacions més importants de *folk* a Galícia.

SAPS QUE...

Si parlem del folklore en la música actual, cal esmentar també Radio Tarifa a Andalusia, els asturians Llan de Cubel, Música Nostra a les Balears, els canaris Mestisay, Gaiteros del Faro a Cantàbria, La Musgaña o Nuevo Mester de Juglaría a Castella i Lleó, Manantial Folk a Extremadura o els murcians Azarbe.

Figura 9.21.
El grup irlandés **The Chieftains.**
Una gran part de la música *folk* que es fa a Espanya, principalment al nord peninsular, beu de les fonts de la música celta. S'entén per aquest tipus de música la que té com a base la música folklòrica de les regions d'ascendència celta (com Irlanda, Escòcia, Gal·les, Bretanya, Galícia, Astúries...).

ACTIVITATS

3. Escolta un fragment de la versió que **Kepa Junkera** i la cantant **Dulce Pontes** han fet de la cançó tradicional basca *Maitia nun zira*. Pots veure'n la lletra i la traducció en la web.

4. Us proposem que interpreteu amb la flauta les composicions següents: la primera és la cançó tradicional basca que ja has escoltat en una versió de **Kepa Junkera** i la segona és la famosa cançó *O son do ar* del grup de *folk* gallec **Luar na Lubre.**

Maitia nun zira

Tradicional País Basc

Figura 9.22.

Kepa Junkera, compositor, productor i músic nascut a Bilbao.

O son do ar

Luar na Lubre

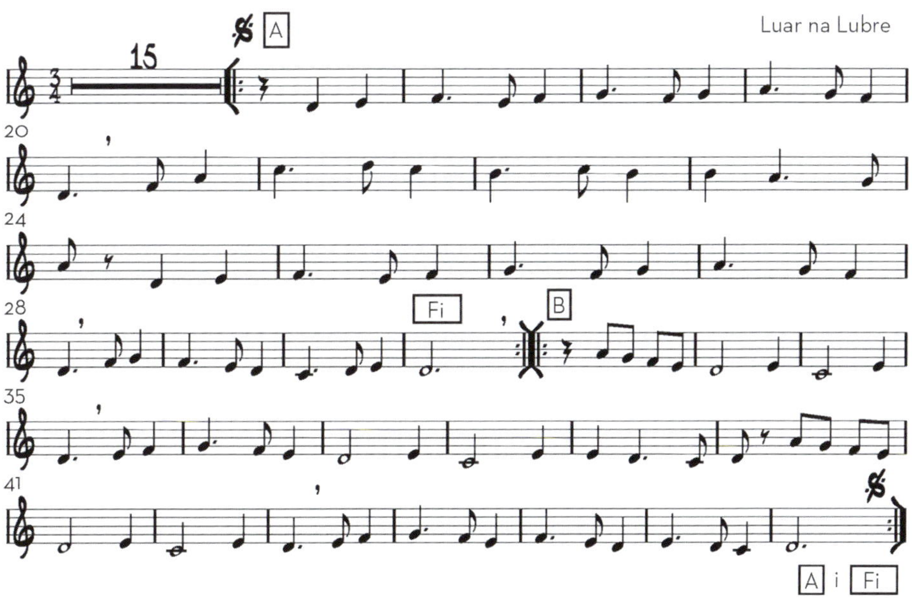

6 Auditori: el flamenc

A. Les dades

Figura 9.23.
Imatge dels tres protagonistes principals del flamenc: el ball, el cant i el toc (guitarra espanyola).

Acomiadem el nostre apartat *Auditori* amb una de les aportacions musicals espanyoles més rellevants internacionalment: el flamenc.

Però què és exactament el flamenc?, com ha sorgit i s'ha desenvolupat? Quan parlem de flamenc, entenem com a tal un tipus de música i de dansa popular que es practica a Andalusia i que es dóna sobre tres formes bàsiques: el ball, el cant i el toc (Figura 9.23).

L'art del flamenc està nodrit de nombrosos sediments i influències que han deixat, al llarg del temps, diverses cultures que han conviscut al sud peninsular: cristians, àrabs, jueus i gitanos.

Figura 9.24.
Paco de Lucía, un dels grans referents de la guitarra flamenca.

D'aquesta mescla cultural va sorgir a mitjan segle XIX un art denominat «flamenc», que va anar passant a poc a poc d'interpretar-se al si de les famílies gitanes als *tablaos*. En l'actualitat, el flamenc és una música molt valorada i s'interpreta en els auditoris més importants del món.

El flamenc es classifica en els anomenats *palos*, que es diferencien els uns dels altres pel que fa al caràcter trist o alegre i a la composició rítmica. Els *palos* més primitius són *seguirillas, soleares, bulerías, saetas, rumbes, fandangos* i *tangos*.

B. La música

Escoltarem a continuació fragments musicals de tres músics ben importants pertanyents a aquest corrent musical:

- **Camarón de la Isla** ha estat un dels cantants principals de la història del flamenc. Ara escoltaràs un fragment del seu tema *Soy gitano* de l'àlbum del mateix nom.
- **Paco de Lucía** (Figura 9.24) és el guitarrista flamenc amb més renom internacional. Una de les seues grans aportacions ha estat el fet d'haver enriquit el flamenc amb influències del *jazz*, del *blues* i de la música popular. Escolta la seua guitarra en el fragment següent, en què pots observar també les palmades típiques del flamenc.
- Pianista i compositor, **Chano Domínguez** ha aconseguit fusionar el flamenc amb el *jazz* i ha obtingut un llenguatge propi fruit de la mescla dels diferents *palos* flamencs com a base de les seues riques improvisacions jazzístiques. Escolta el fragment següent del seu tema *Retahíla*, pertanyent al disc *Hecho a mano*.

WEB DE RECURSOS

En la web pots trobar més informació sobre el flamenc.

7 Amb molt de ritme

En aquesta lliçó estudiarem la fórmula rítmica: 

Aquesta fórmula consisteix en la substitució de la segona *corxera* per dues *semicorxeres*. Si per a estudiar les corxeres hem fet servir les síl·labes *ti-ti*, i per a les semicorxeres *ti-ri-ti-ri*, ara tenim una combinació d'ambdues de la manera següent:

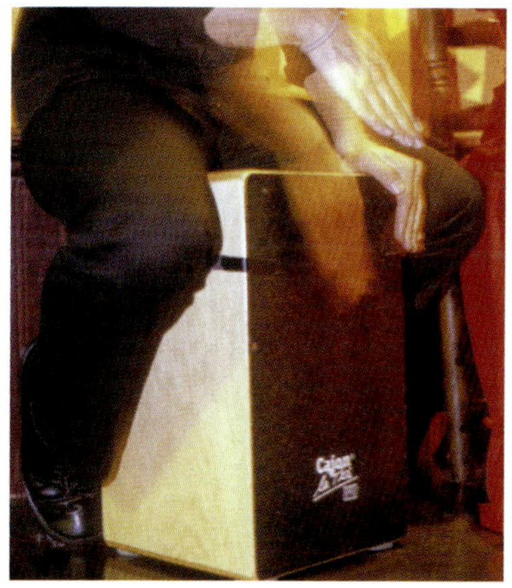

Figura 9.25.
El caixó s'ha convertit en un símbol de l'acompanyament rítmic de l'estil flamenc.

Fes els exercicis rítmics següents amb palmades, o bé sobre els genolls alternant-hi les mans. Pots utilitzar també les síl·labes rítmiques. Després interpreta'ls amb l'audició de fons.

Exercici 1

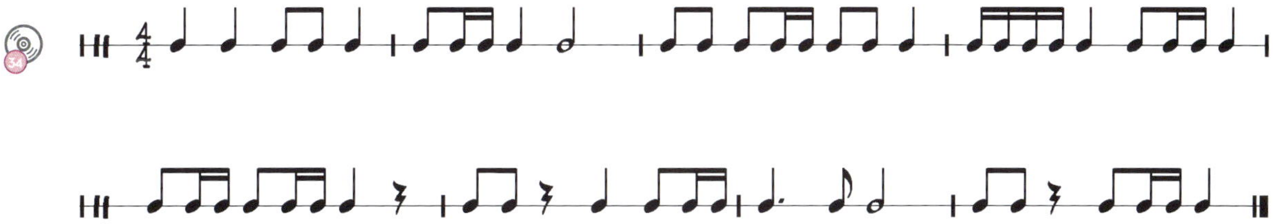

Exercici 2

Practica aquesta polirítmia a dues mans sobre els genolls. També pots dur-la a terme amb uns bongos.

Exercici 3

Exercici 4

Practica el patró de bateria següent.

8 Afinant

A. Lectura musical

Afegim la nota *fa* de la 5a línia del pentagrama a les ja treballades.

B. Repertori

En aquesta unitat cantarem una bella cançó titulada *Sing*, amb música de Gary Barlow i Andrew Lloyd Webber. Pots treballar la pronúncia i la traducció de la lletra abans de cantar-la.

Figura 9.26.
Escena del musical *Cats*, del compositor Andrew Lloyd Webber, famós per haver compost la música de musicals mítics, com *Jesucrist Superstar* o *El fantasma de l'òpera*.

Solo: Some words they can't be spoken only sung,
So hear a thousand voices shouting love.

Coro: There's a place, there's a time
In this life when you sing what you are feeling,
Find your feet, stand your ground,
Don't you see
Right now the world is listening to what we say?

TORNADA
Sing it louder, sing it clearer,
Knowing everyone will hear you,
Make some noise, find your voice tonight.
Sing it stronger, sing together,
Make this moment last forever,
Old and young
Shouting love tonight.

To sing we've had a lifetime to wait
And see a thousand faces celebrate
You brought hope, you brought light,
Conquered fear, it wasn't always easy,
Stood your ground, kept your faith,
Don't you see
Right now the world is listening to what we say?

Sing it louder, sing it clearer,
Knowing everyone will hear you,
Make some noise, find your voice tonight.
Sing it stronger, sing together,
Make this moment last forever,
Old and young
Shouting love tonight.

Some words they can't be spoken only sung,
To hear a thousand voices shouting love
And light and hope

Just sing (x 4)
Come all and sing

Sing it louder, sing it clearer,
Knowing everyone will hear you,
Make some noise, find your voice tonight.
Sing it stronger, sing together,
Make this moment last forever,
Old and young
Shouting love tonight.

Solo: Hear a thousand voices shouting love.

Escolta una versió d'aquest tema interpretada per un cor d'educació secundària.

9 Mou els dits

Aquesta última unitat de *Mou els dits* està dedicada a la música pop melòdica amb orquestra simfònica *(Exercicis 1 i 2)* i a una de les manifestacions per excel·lència de la música brasilera: la *samba (Exercicis 3 i 4).*

Exercici 1

Exercici 2

Exercici 3

Exercici 4

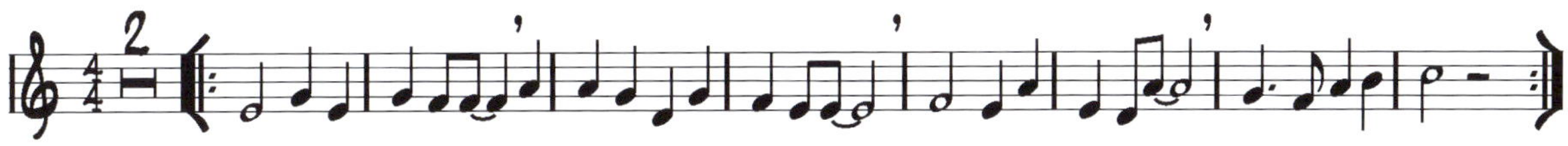

La **samba** és un tipus de música brasilera, originària d'Àfrica, que s'ha fet famosa mundialment pel carnaval de Rio de Janeiro (Figura 9.27).

Un conjunt molt especial per a tocar aquesta música és la **batucada.** La batucada és una orquestra, composta exclusivament per instruments de percussió, que acompanya les desfilades del carnaval brasiler. Alguns instruments habituals de la batucada són el *surdo,* la caixa, l'*agogo* o el *tamburin.*

Figura 9.27.
El **carnaval de Rio de Janeiro** es considera la meca de la samba.

10 Concert

Figura 9.28.
Component del **Circ del Sol** durant una actuació.

El **Circ del Sol** (Cirque du Soleil), (Figures 9.28 - 9.30), és una companyia que es va fundar al Canadà vers l'any 1984. Des del començament, aquest grup ha tractat de reinventar el circ i ha creat un estil propi, en què les grans acrobàcies, les escenografies ben suggeridores i la música original s'han confabulat amb l'objectiu de crear un bell espectacle, i que té com a premissa bàsica la innovació, la creativitat, la delicadesa i el fet de no utilitzar animals salvatges en els seus espectacles.

Han viatjat per Europa, pel Japó i per Sud-amèrica amb diferents muntatges i han obtingut més de cent guardons al llarg de la seua història.

El tema que us proposem per a acomiadar el nostre apartat *Concert* està extret d'un dels espectacles del Circ del Sol, *Saltimbanco*, i es titula *Kumbalawé*. En el muntatge i en la interpretació posterior d'aquest tema tindràs l'oportunitat de cantar i tocar la flauta alternativament dins d'una mateixa peça.

Passos per a muntar *Kumbalawé* 42

1. Escolta un fragment del tema original amb atenció unes quantes vegades.
2. Practica'l cantant la lletra que s'inclou en la web, juntament amb el tema original. Podeu dividir la classe en dos grups, solistes i cor, per a interpretar la peça de la mateixa manera que la cançó original.
3. Assaja la part de flauta separadament.
4. Després de fer uns quants assajos, ja podeu interpretar la peça juntament amb l'acompanyament gravat; aneu alerta a l'hora de respectar les parts cantades i tocades amb la flauta que hi ha indicades en el musicograma de la pàgina següent.

WEB DE RECURSOS

En la web de recursos trobaràs el tema original complet.

Figura 9.29.
Imatge de diversos components de l'espectacle *Saltimbanco*.

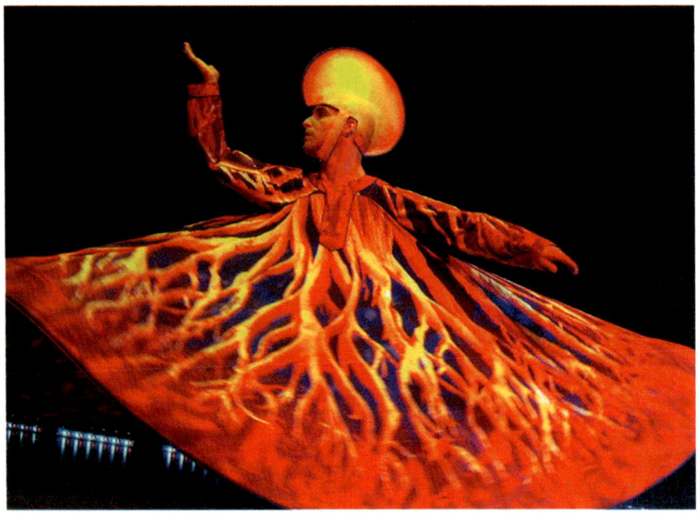

Figura 9.30.
Un dels elements més significatius d'aquest espectacle és el vestuari, conjuntat amb una escenografia ben innovadora.

Kumbalawé

Música: René Duperé

Figura 9.31.

Molts dels components del Circ del Sol són antics esportistes d'elit; s'hi inclouen artistes de quaranta països.

MUSICOGRAMA					
Flauta	**Lletra**	**Flauta**	**Lletra**	**Lletra**	**Coda**
Secció **A**	**Solista-cor**	Seccions **A** i **B**	**Cor**	**Solista-cor**	Frase **1** × 2 vegades Frase **2** × 4 vegades i final

Ara et proposem interpretar una instrumentació de classe: *Creem vincles*, una composició d'estil minimalista i melòdic en què, col·laborant tots en grup, obtindreu un treball musical molt satisfactori.

Creem vincles

Música: José Luis Salas

2
17
B
C Dm Em F G C Dm
Flautes
Carilló
Xil./Met. sop.
Xil./Met. alts
Xil. baix
p
p
22
Em F G
C
Am G F
Flautes en 2a repetició
mf
mf
mf
27
Dm G Am G F

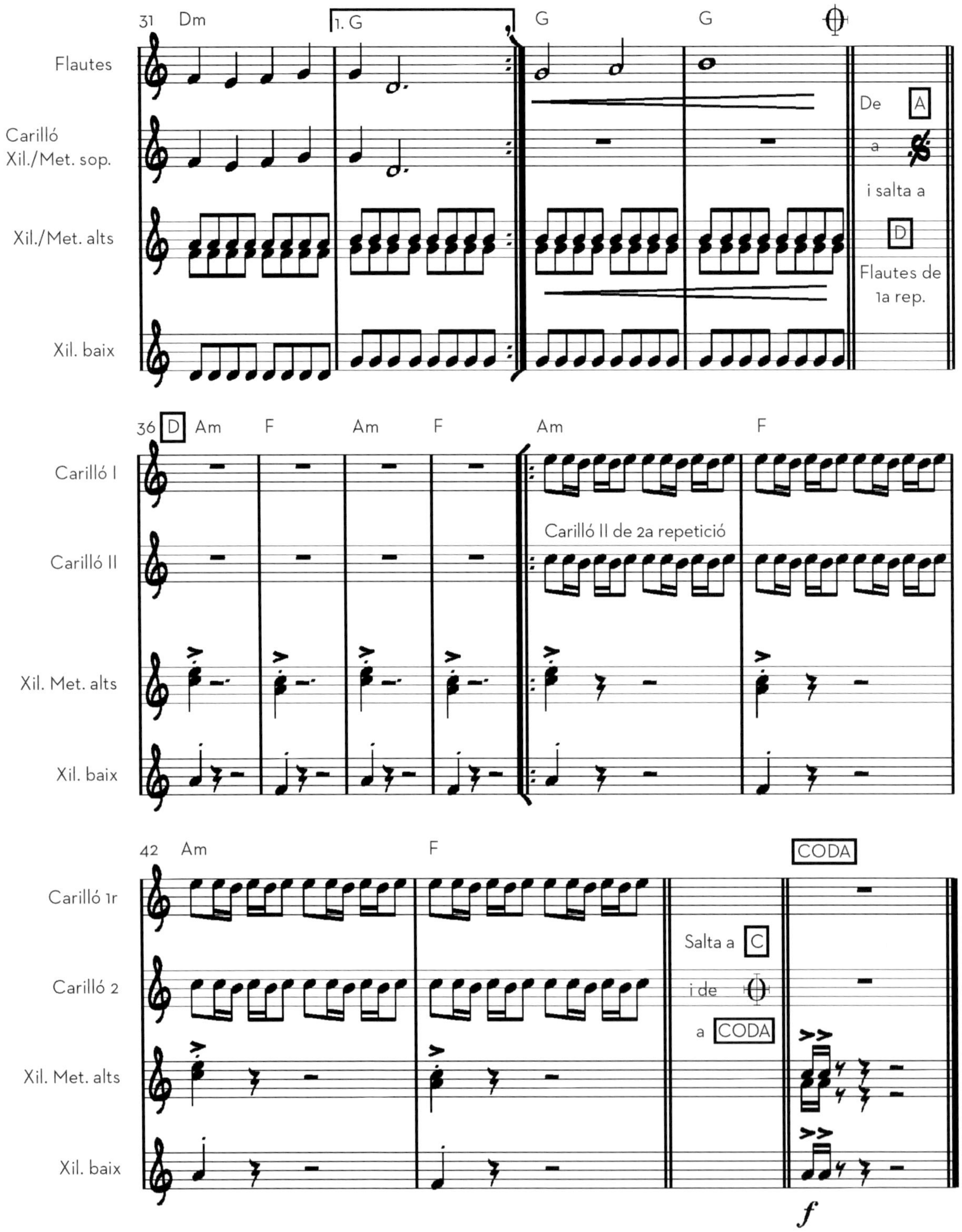

Pots acompanyar aquesta composició amb un djembe interpretant l'*ostinato* rítmic següent:

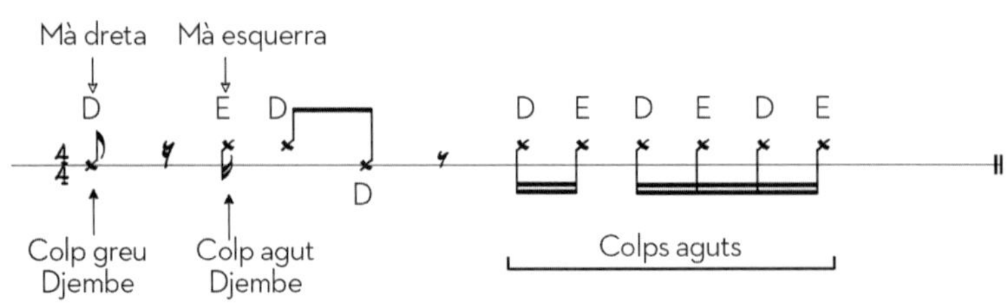

Folklore: Conjunt de tradicions, de costums i de creences populars, relacionades amb una zona geogràfica determinada (poble, país, regió...).

Folklore musical: Música tradicional *(cants, danses i instruments).*

El nostre folklore

- **Instruments musicals**
  - **Corda** — Exemples: la *guitarra*, el *llaüt*, la *bandúrria*, la *viola de roda*, el *guitarró* canari, el *rabec*, el *saltiri*.
  - **Vent** — Exemples: el *txistu* basc, el *flabiol* català, l'*alboc* basc, la *dolçaina*, la *caramella*, la *gaita*...
  - **Percussió** — Exemples: les *castanyoles*, la *pandereta*, el *pandero*, els *esquellots*, el *tamborí*, el *xerrac*, la *simbomba*, la *bandúrria d'ossos*, la *txalaparta*...
- **Cançons** — De temàtica molt variada:
  - Cançons de Nadal
  - Cançons de carnestoltes
  - Cançons de fer faenes
  - Cançons de bressol
  - Cançons religioses
  - Cançons de ronda
  - Albades
  - Cançons de quintos
  - Cançons infantils
- **Balls i danses** — Alguns dels més representatius són:

Muñeira	**Galícia**
Zortzico	**País Basc**
Jota	**Navarra i Aragó**
Seguidilles	**Castella-la Manxa**
Son	**Extremadura**
Sardana	**Catalunya**
Parranda	**Múrcia**
Sevillanes	**Andalusia**
Isa	**Canàries**
(...)	

- **El folklore en la música actual** — Hi ha tendències musicals noves en què estan presents les melodies, els ritmes i els instruments de la música folklòrica. Se sol referir a aquestes tendències com a música *folk*.

ACTIVITATS FINALS

1. Explica què és el *folklore*.
2. Quines manifestacions diferents podem trobar en el folklore musical?
3. Quines característiques són comunes a tota mena de música folklòrica o tradicional?
4. Completa el quadre següent, en el teu Llibre de Treball, amb els instruments tradicionals que més t'hagen cridat l'atenció. També pots utilitzar algun altre instrument que siga característic de la Comunitat Valenciana, encara que no figure en el llibre.

Família	Instrument	Procedència
Corda		
Corda		
Vent		
Vent		
Percussió		
Percussió		

5. Digues el nom dels següents instruments musicals folklòrics:

1

2

4

3

5

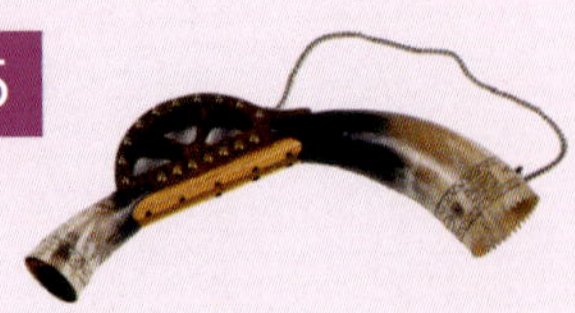

6. **Digues a quins tipus de cançó dels que hem estudiat en la unitat pertanyen cada una de les següents composicions:**

a) Si s'adorm la meua filla,
sa mare li comprarà
unes sabates noves
que el diumenge estrenarà.

b) Si voleu saber l'albada,
galana, qui la us fa fer:
(nom de l'albader) s'anomenara,
qui us voldria en son poder.

c) La nit de Nadal
és nit d'alegria;
el fill de Maria
és nat al portal.

d) Conillets a amagar,
que la llebre va a caçar,
de nit i de dia,
tocaran l'Ave Maria.
Conillets, ja esteu ben amagadets?
Amagueu-vos bé, que la llebre ja ve!

e) Arrier m'han posat amb cinc muletes
tres i dos són de l'amo, les de més meues!
Si te posen arrier i les mules són de l'amo,
no vages a treballar
que ell s'ha de quedar els xavos.
Arrier m'han posat amb cinc muletes
tres i dos són de l'amo, les de més meues!
La Maria treballava
huit horetes cada dia
i va agarrar-me els diners
per comprar-se una cadira.

f) Ya se van los quintos, madre,
ya se va mi corazón,
ya se va el que tiraba
chinitas a mi balcón.

g) Esta noche rondo yo,
mañana ronde quien quiera;
esta noche rondo yo
la calle de mi morena.

7. **Comprova el que has après sobre les danses folklòriques d'Espanya i digues d'on són característiques les danses següents:**

Sardana: ______________________

Zortzico: ______________________

Jota: ______________________

Seguidilles: ______________________

Muñeira: ______________________

Isa: ______________________

Sevillanes: ______________________

Son: ______________________

Parranda: ______________________

L'u i dos: ______________________

8. **Coneix una mica millor el folklore de la Comunitat Valenciana: per grups busqueu informació sobre les danses típiques, els festivals de folklore que s'hi celebren, les associacions de cors i danses, etc.**

A TALLER TIC: L'EDITOR DE PARTITURES

Saps que és un editor de partitures? En aquest taller treballaràs sobre un editor de partitures en línia, amb què podràs compondre partitures musicals amb un acabat completament professional. A partir d'ara, tots els teus exemples musicals semblaran trets d'una impremta.

Sumari

1 Edició de partitures amb Noteflight

Noteflight és un editor de partitures en línia, és a dir, no necessites instal·lar cap programa en l'ordinador per a crear i editar partitures musicals. Encara que el programa està en anglés, és senzill de fer anar, per això no has de preocupar-te per l'idioma. A continuació t'expliquen quins passos cal seguir per a poder fer partitures amb aquest senzill editor.

SAPS QUE...

Hi ha programes editors de partitures professionals que et deixen utilitzar el programa durant un temps determinat. Si visites les pàgines web dels dos editors més utilitzats pels músics professionals (Finale i Sibelius), podràs baixar aquests programes, instal·lar-los en l'ordinador i provar-ne el funcionament.

1.1. Donar-se d'alta en Noteflight

Per a començar a treballar amb Noteflight, hem de donar-nos d'alta en la pàgina web del programa. Per a fer-ho, hem d'entrar en la pàgina http://noteflight.com/login i fer clic en l'opció ***Registra't*** o *Sign Up*. Només hi hem d'escriure la nostra adreça de correu electrònic i triar una contrasenya que hi haurem d'introduir dues vegades.

Ara hem d'entrar en el nostre correu electrònic per a activar el nostre compte, que ens permetrà compartir les nostres partitures. Només hi hem d'introduir un **nom d'usuari** perquè els companys ens reconeguen.

Una vegada registrats, quan tornem a entrar en la pàgina, hem de fer clic en ***Log In***. Ja estem dins!

1.2. Crear una partitura nova

Per a començar a escriure música, hem de fer clic en *Partitura nova*. Amb aquesta acció es mostra l'entorn de treball de *Noteflight*.

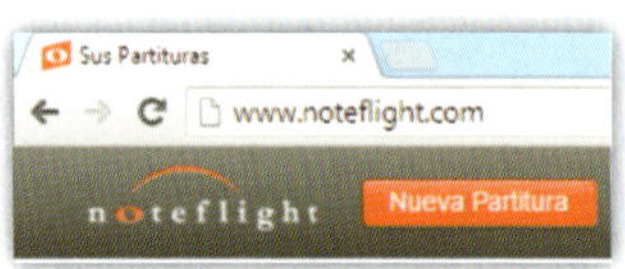

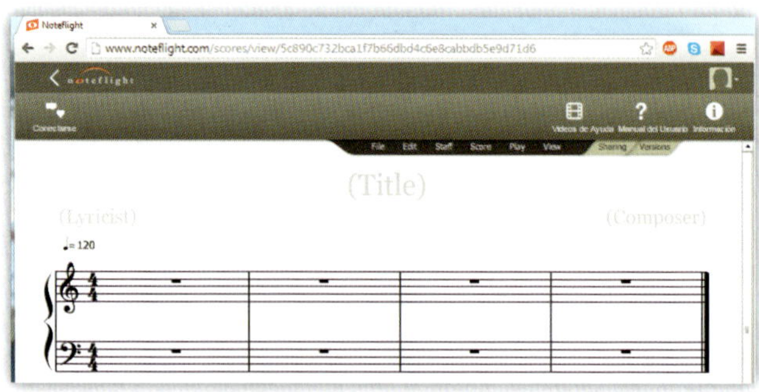

La primera cosa que hem de fer és posar títol a la nostra partitura, dir qui n'és el compositor i, finalment, indicar la velocitat. Per a fer-ho, hem de clicar en cada una de les indicacions de text (ombrejades en gris) i escriure això:

a) **Títol:**
Campanitas del lugar.
b) **Compositor:**
Popular.
c) **Lyricist:**
Allegro.

La cançó que hem d'escriure necessita un sol pentagrama. Per a esborrar el pentagrama inferior, hem de fer doble clic en qualsevol compàs del pentagrama inferior (veurem que es pinta suaument). A continuació hem de prémer la tecla **Supr** (suprimeix) del teclat de l'ordinador: ha desaparegut el pentagrama inferior.

Ja s'ha eliminat el pentagrama que sobrava. I podem començar a escriure la cançó.

1.3. Escriure música amb Noteflight (I)

Per a escriure música amb Noteflight hem de tenir en compte les consideracions següents:

1. Hem de fer clic en el compàs on vulguem escriure música.
2. Quan passem el ratolí per damunt del compàs que hem seleccionat, veurem que es mostra un cap de nota. Hem de fer clic, llavors, en la nota que vulguem escriure.
3. I el que és més important: només després d'haver fet clic en la nota que hem escrit podrem seleccionar la figura que vulguem (redona, blanca, negra, etc.).

A continuació es mostra com queda la primera part de la cançó.

Finalment, hem de desar la nostra partitura per a poder continuar editant-la en un altre moment. Per a fer-ho, hem d'anar al menú *File/Save*. Quan tornem a obrir el programa, ja tindrem la nostra partitura desada.

RECORDA

És important desar el teu projecte amb Noteflight de manera periòdica, ja que, com que està programat amb tecnologia Flash i és un programa en línia, pot esdevenir-se ocasionalment algun problema que comporte que la faena que hages fet es perda i no es puga recuperar.

ACTIVITATS

1. **Repassa tot allò que s'ha explicat fins ara fent la primera part de *Campanitas del lugar* en l'editor de partitures Noteflight.**

1.4. Escriure música amb Noteflight (II)

Es pot observar en la partitura feta que només tenim quatre compassos. Per a afegir-hi més compassos, cal conéixer altres opcions de Noteflight. Per a fer-ho, i en primer lloc, hem de passar el cursor del ratolí per damunt del pentagrama (podem triar, per exemple, l'últim compàs). Observem que es mostren uns signes que no coneixíem:

Podem veure que al final del compàs hi ha un senyal amb un signe més (+). Si fem clic en aquest senyal, veurem que es crea un compàs nou. De la mateixa manera, podem fer clic en el signe menys (–) per a eliminar un compàs. Per a continuar escrivint la cançó *Campanitas del lugar* necessitem 8 compassos més. La partitura queda com pot veure's a continuació.

Una vegada tenim el nombre de compassos necessaris per a escriure la cançó totalment, hi hem d'escriure la música que ha quedat pendent.

Ja tenim la nostra primera cançó escrita amb *Noteflight*.

SAPS QUE...

Un dels errors més comuns quan comencem a editar música amb Noteflight és confondre les opcions *Afegeix compàs* i *Afegeix pentagrama*. Mentre que la primera afig un compàs més, la segona crea un instrument addicional.

ACTIVITATS

2. **Repassa tot allò que s'ha explicat fins ara fent la cançó completa de *Campanitas del lugar* amb l'editor de partitures Noteflight. No oblides desar la faena feta.**

1.5. Escriure música amb Noteflight (III)

Finalment, veurem algunes opcions que et serviran per a enriquir les teues partitures: línies de diferents tipus, signes de repetició, posar lletra a una música, etc.

Continuarem prenent com a base del nostre treball la cançó *Campanitas del lugar*. Aquesta cançó té la primera part repetida, per això necessitem posar-hi un signe de final de repetició. Per a fer-ho, hem de clicar en la línia divisòria sobre la qual volem col·locar el signe de repetició. Es mostren una sèrie d'opcions davall del pentagrama.

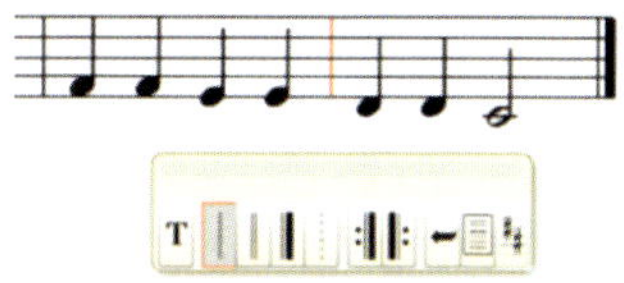

Podem observar que la línia sobre la qual hem fet clic es torna de color roig, al mateix temps que es mostren les opcions de línies divisòries que veiem davall del pentagrama. Per a la nostra partitura hem de triar l'opció de final de repetició. La partitura queda així:

Tot seguit veurem com s'indiquen les dinàmiques o intensitats. Per a indicar que, a partir d'una nota determinada, volem que la intensitat siga, per exemple, suau o *piano*, hem de fer clic en aquesta nota; llavors es desplega la finestra següent.

Hem de fer clic en la indicació *f*, aleshores es crea un espai davall de la nota perquè puguem indicar-hi la intensitat que vulguem. L'exemple queda com veiem a continuació.

RECORDA

Les intensitats en música més habituals són:

pp = *Pianissimo* (molt suau).

p = *Piano* (suau).

mf = *Mezzoforte* (mig fort).

f = *Forte* (fort).

ff = *Fortissimo* (molt fort).

Per a les pujades i les disminucions progressives d'intensitat s'utilitzen els reguladors o les indicacions *«crescendo»* i *«diminuendo»*. En Noteflight, els reguladors d'intensitat es consideren *«línies»* (vegeu la pàgina següent).

De la mateixa manera, si volem utilitzar algunes de les línies més habituals en música (lligadures, línies d'intensitat progressiva com ara *crescendo* o *diminuendo*, etc.), hem de fer clic en un compàs; llavors es mostra la pantalla d'opcions. Hem de tornar a fer-hi clic, però ara en el símbol del *crescendo*.

En fer clic sobre el símbol del *crescendo*, es despleguen les possibilitats relacionades amb la inserció de línies en la partitura.

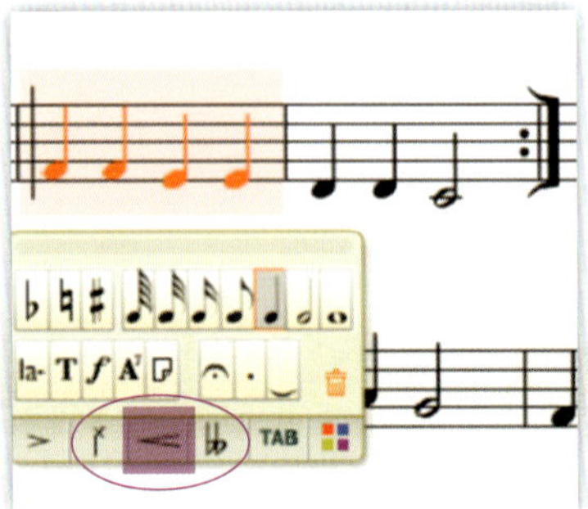

Veiem en la imatge anterior el menú *Lines* (línies). Ara hem de triar la que vulguem; llavors es col·loca automàticament en la nota que hem seleccionat prèviament, com podem veure en la imatge següent.

A continuació aprendrem a posar lletra a un text. Per a fer-ho, hem de clicar en la primera nota que porta text. Es mostra la finestra que ja coneixem, en què podem veure una opció representada amb la síl·laba ***la·***.

En fer clic sobre l'opció ***la·***, el cursor parpelleja perquè puguem començar a escriure la lletra de la cançó. Només hem de tenir en compte que, quan una paraula tinga diverses síl·labes, s'han de separar amb un guió (del teclat de l'ordinador). Per a separar una paraula d'una altra, hem de fer servir la barra espaiadora de l'ordinador. A continuació es mostra un exemple del començament de la cançó.

Finalment, aprendrem a «maquetar» una partitura, és a dir, a repartir els compassos en el pentagrama perquè no queden molt junts. Imaginem que en la cançó *Campanitas del lugar* volem que cada quatre compassos es canvie de pentagrama. Per a fer-ho, hem de clicar en el primer compàs que vulguem maquetar i, sense deixar anar el botó esquerre del ratolí, l'hem d'arrossegar fins a l'últim compàs que vulguem maquetar. Es pot observar que els compassos seleccionats canvien de color. A continuació, i amb els compassos seleccionats, hem d'anar al menú *Score/System break*, i els quatre compassos que hem seleccionat queden en un sol pentagrama, com veiem a continuació.

RECORDA

Quan es treballa amb tecnologia musical és aconsellable conéixer alguns termes bàsics dels programes utilitzats, que solen estar en anglés. Així, «*score*» significa «partitura», i «*system break*» significa «salt de sistema» o «salt de pentagrama».

ACTIVITATS

3. **Fes la partitura següent per a repassar tot allò que s'ha explicat en aquest taller d'edició de partitures.**

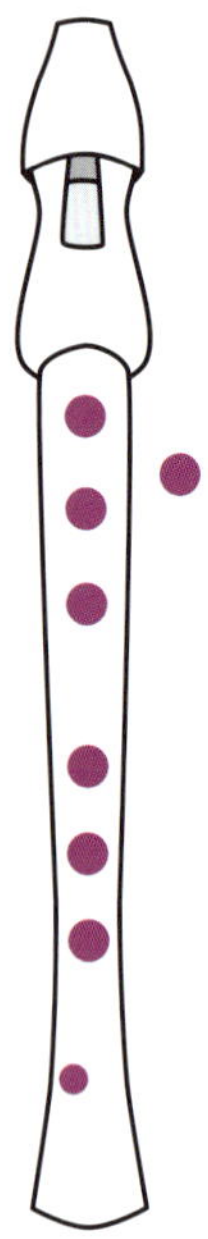

Do

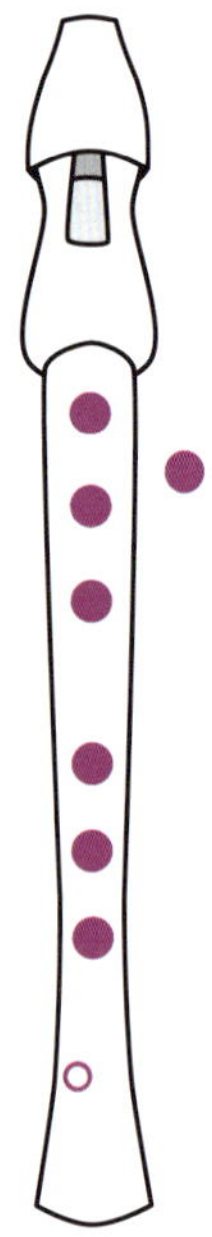

Re

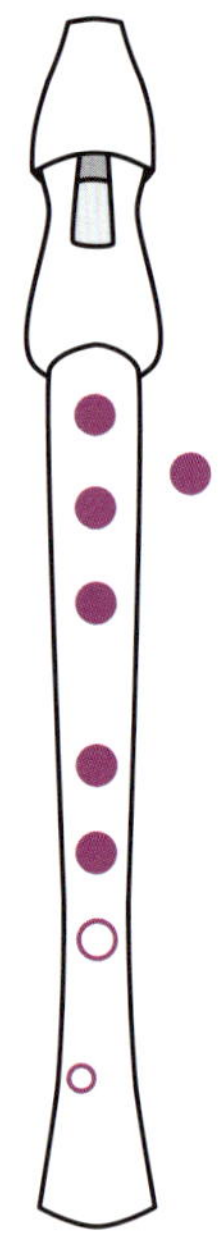

Mi

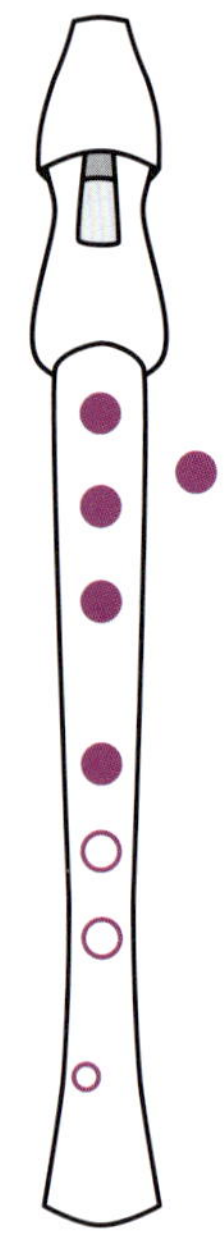

Fa

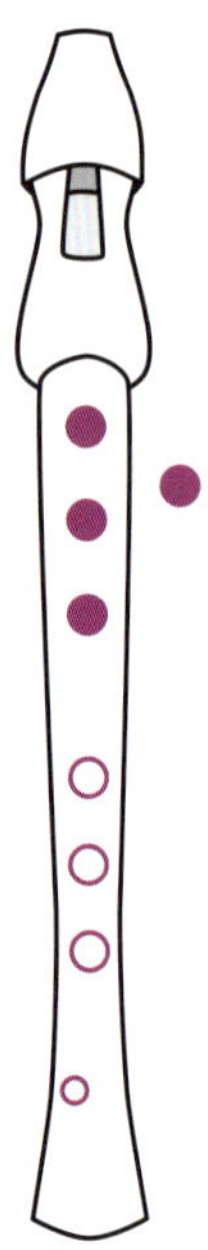

Sol

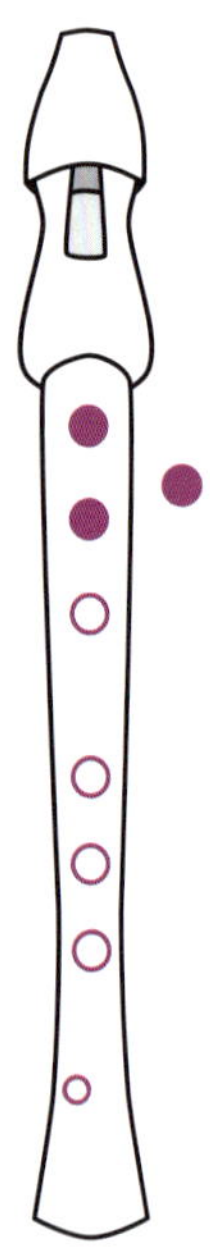

La

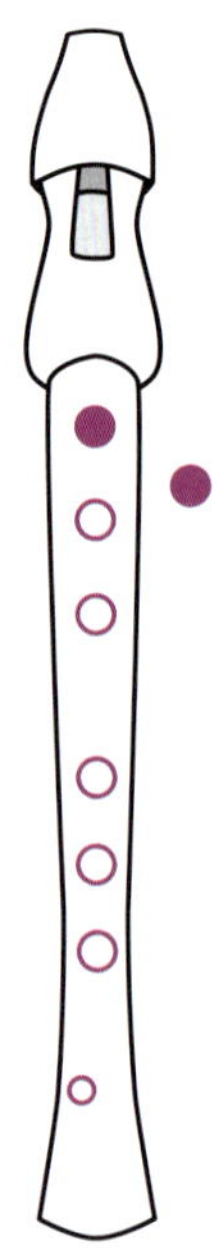

Si

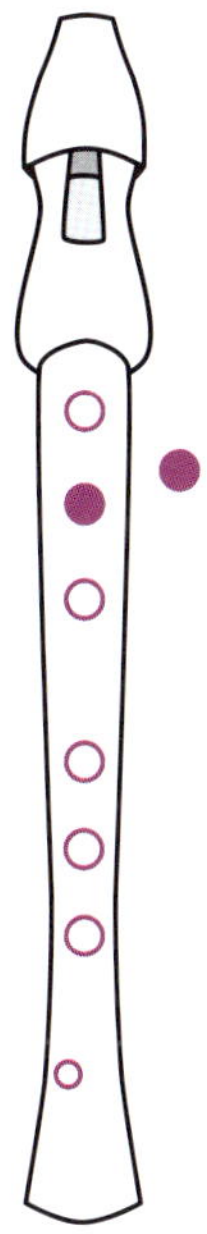
Do

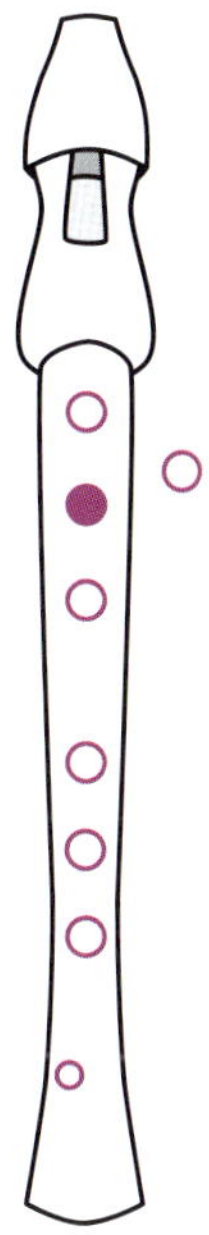
Re

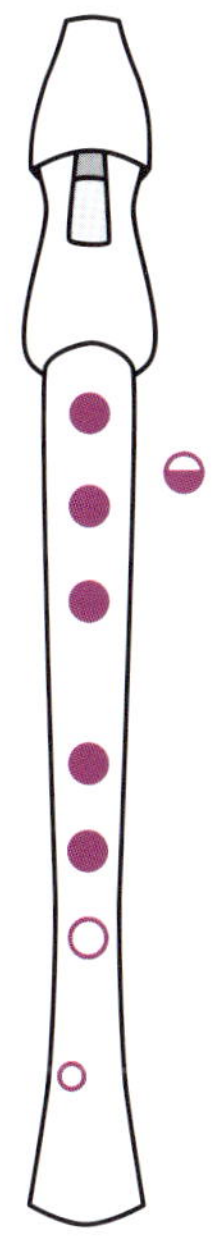
Mi

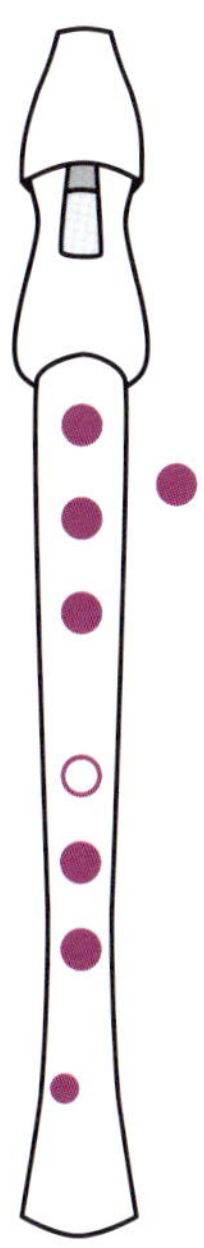
Fa ♯

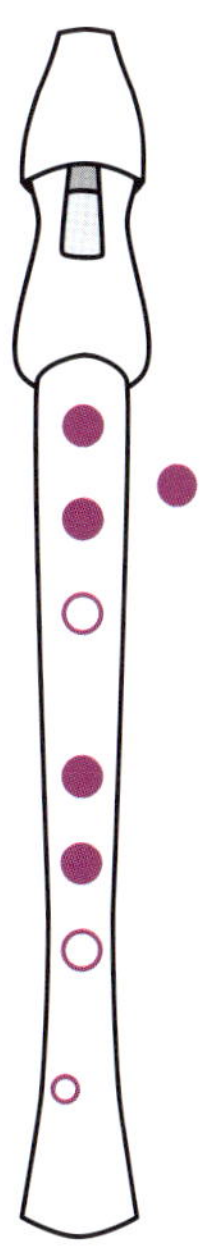
Sol ♯

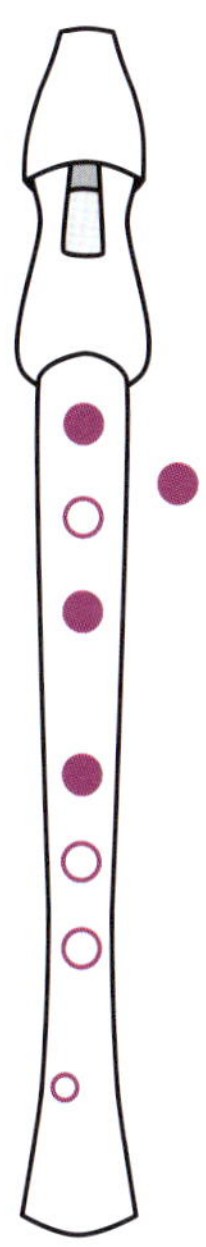
Si ♭